아날로그 필름메이커

ANALOGUE FILMMAKER

HOW TO MAKE VIDEOS IN THE YOUTUBE ERA

아날로그 필름메이커

유튜브 시대, 영상이란 무엇이고 어떻게 만들것인가?

장현경 지음

영상이라는 새로운 언어의 바다에

다이빙할 당신에게

일러두기

1. 단행본은 『 』로, 신문·잡지·영화·유튜브 채널은 〈 〉로 표기했다.
2. 인명과 지명을 비롯한 고유명사의 표기는 국립국어연구원 외래어표기법에 따르되,
   이미 굳어진 경우에 한해서는 관용에 따랐다.

1인 미디어 영상제작자로 살아온 지 약 15년의 세월이 흘렀다. 영상이라는 것을 처음 만들면서 영상제작자가 되는 꿈을 꾸었고 그 꿈을 이루어서 지금에 이르렀다. 그 대부분의 시간이 '1인 영상제작자'로서였다. 1인 영상제작자라는 것에 자부심이 있었지만, 한편으로는 열등감을 느끼기도 했다. 그것은 편견에 대해 끊임없이 설명해야 하는 일이기도 했다.

내가 처음 영상을 만들던 시절에는 누군가 혼자 영상을 만들 수 있다고 생각하는 사람이 많지 않았다. 그도 그럴 것이 당시 사람들이 접하던 영상은 주로 TV 프로그램과 CF, 영화였다. 그런 영상들은 대부분 거대자본과 산업을 이끄는 제작사들이 만들었기에 개인이 영상을 만드는 경우는 거의 없었다. 이런 산업 구조 때문에 영상은 특별한 누군가가 독점적으로 콘텐츠를 생산하고 보통 사람은 시청자 역할밖에 할 수 없는, 화자와 청자 사이의 권력 구조가 뚜렷한 매체였다. 그렇기에 '혼자' 영상을 만들겠다고 시장에 뛰어든 나에 대해 많은 사람이 고개를 갸우뚱거릴 수밖에 없었다.

물론 처음부터 1인 영상제작자를 꿈꿨던 것은 아니다. 대학을 다니면서 휴학 기간에 피곤함에 찌든 종로의 직장인들을 상대로 밤늦게까지 디자인과 포토샵을 가르치던 중 운 좋게 방송국에 취직하게 되었다. 그곳에서 모션그래픽 디자이너와 OAP(On Air Promotion : 방송 홍보영상을 만드는 팀) 프로듀서로 일하며 채널 디자인과 '좋은 영상'에 대해 감각을 조금씩 익혀 나갔다. 이후 통합 마케팅 커뮤니케이션 에이전시의 영상팀장으로 자리를 옮겼는데, 팀이라는 탈을 쓰긴 했지만 거의 '원맨' 작업자로서 영상제작 업계라는 정글에 먹잇감으로 던져졌다. 그곳에서 생존을 위해 고군분투하는 동안 1인 영상제작자로 거듭나며 나만의 강점을 확실히 발견하게 되었다. 이런 경력은 내가 1인 영상제작자로 나아갈 엔진이 되어 주었다. 문제는 나의 각성 자체가 그다지 중요하지 않았다는 점이다. 현실에서 나는 여전히 힘겹게 거대 미디어 제작사들과 경쟁해야 했고 가성비라는 내 필살기도 잘 통하지 않았다. 그렇게 카르텔을 형성하고 있는 골리앗들의 틈바구니에 끼어 몇 년의 세월을 보냈다.

지난 15년간 변한 것과 변하지 않은 것 두 가지를 생각해 보면 몇 가지 재미있는 점들을 발견할 수 있다. 변한 것은 바로 지각 변동 수준의 미디어 환경이다. 얼마 안 가 TV를 혁신할 것만 같았던 피처폰과 손안의 작은 TV인 DMB의 열기가 식었다. DVD 영상과 하드디스크 기반의 녹화 장치인 PVR이 또다시 활화산처럼 일어나며 PMP 시장을 견인하다가 아이폰의 공습을 맞고 역사의 뒷무대로 퇴장했다. 스마트폰은 휴대용 영상기기 시장을 빠르게 잠식하며 영상의 유통과 공유 면에서 새로운 혁신을 만들어 내고 있다. 이것이 바로 '지각 변동 수준의 미디어 환경'이다. 15년 동안 브레이크 없이 질주하는 자동차와 같이 플랫폼의 변혁들이 일어났다.

이런 광란의 질주 속에서 변하지 않은 것은 무엇이었을까? 1인 영상제작자로 살아온 나 자신이었다. 좋게 말하면 조금 민감한 성격이고, 사실은 성격이 까탈스럽고 사람들의 실력을 잘 믿지 못해 일을 선뜻 맡기지 못하는 강박 때문에 어떻게 하다 보니 15년간 내 자리는 1인 영상제작자였다. 이런 '존버'의 대가였을까? 나는 이렇게 변화무쌍한 미디어 판을 보는 나름의 통찰력을 덤으로 얻었다. 1인 영상제작자에 대한 시선과 대우가 달라진 것도 실감한다. 최근 5, 6년 전부터 분야별 국내 최고의 대기업들과 일할 기회가 생겼다. 어떤 대기업에서 시행한 영상 프로젝트 입찰에 참여해 최종 제작사로 선정되는 믿기지 않는 일도 일어났다. 이제는 강남 어딘가에 사무실을 두지 않고 웹사이트 주소만 표기된 명함을 들고 다녀도 위축되지 않는다.

나는 영상이 그다지 주목받지 않던 시대와 영상이 대세가 된 시대 모두를 기억하고 있다. 이런 변화의 핵심에 유튜브가 있다. 물론 유튜브만이 변혁을 이끌어 온 것은 결코 아니다. 유튜브는 마치 무대 위에서 현란한 조명을 받으며 춤추는 아이돌과 같다. 사람들은 아이돌의 화려한 퍼포먼스에 열광하지만, 그 뒤에는 무대를 세우기 위한 수많은 필수요소가 존재한다. 노래, 안무, 의상 같은 요소들이 아이돌의 신체와 적절한 멘탈리티가 함께 결합할 때 폭발적인 무대 퍼포먼스가 탄생하는 것이다.

유튜브라는 핫한 플랫폼을 견인한 일등 공신은 전화선과 느려 터진 인터넷망을 시장에서 퇴출시킨 초고속 인터넷이다. 별도의 기기를 들고 다니거나 매번 복잡한 과정을 통해 연결할 필요도 없다는 점이 유튜브가 폭발적으로 성장한 결정적 이유다. 웹에서 유튜브를 검색하거나 휴대전화의 유튜브 앱을 실행하면 된다. 정보의 파편들을 긁어모아 기억해 놓을 필요가 없는, 전 세계 누구에게나 똑같이 적용되는 규칙이다.

이 시대에 적어도 영상제작자의 관점에서 유튜브와 같은 뉴미디어 플랫폼을 바라보는 거시적인 관점 하나 정도는 나와줘도 괜찮을 것이라는 생각이 들었다. 이 책을 읽는 독자들에게 '영상이라는 새로운 언어의 바다에 다이빙하자'라고 제안하고 싶다. 예전에 누군가에겐 권력이던 영상을 이제는 모든 사람이 자신의 이야기를 풀어내는 도구로 사용하며 멋지게 파도를 가르며 나아가자는 말이다.

이 책에서 나는 영상이 그동안 어떻게 권력으로 사용되었는지와 영상이 무엇이기에 이처럼 강력한 메시지 전달 도구가 될 수 있었는지에 대해 이야기할 것이다. 영상이 권력에서 언어로 변하는 과정도 이야기할 것이다. 이제 영상은 특별한 누군가에 의해 만들어지는 것이 아니라 평범한 우리 모두가 소통을 위해 함께 배워서 만들어야 할 것이라는 인식을 나누려 한다. 그래서 의사소통 도구로써 영상을 활용할 방법들에 관해 이야기할 텐데, 나는 이것을 스토리텔링이라고 이름 붙였다. 사람들이 영상제작에서 스토리텔링을 중요하게 여기지 않는 이유가 있다. 영상제작을 그냥 카메라로 찍은 것을 컴퓨터로 편집하는 과정이라고 단순하게 여기기 때문이다. 하지만 그보다 앞서 우리는 무엇을 이야기할 것인가에 대해 고민해야 한다. 나는 어떻게 하면 이야기들을 조리 있게 잘 전달할 것인가에 관해 관심이 있다. 무엇을 어떻게 얘기할 것인가를 결정하고 나면 어떻게 촬영하고 편집을 할지 그 세부적인 방향들을 발견하게 될 것이다.

차례

제1장

영상은 권력이다

영상의 힘은 어디에서 올까

2002년 월드컵은 우리나라 축구 중계 방식에 많은 변화를 가져왔다. 이전까지는 화면 왼쪽 위에 경기하는 팀과 점수 상황이 업데이트되는 자막에 우리나라 국가명이 '한국'으로 표시되던 것이 '대한민국'으로 바뀐 것이 대표적이다. 또한 시청자들에게 현장의 몰입감을 TV라는 매체를 통해서 어떻게 전달할 것인가에 대한 화두를 던져주기도 했다.

현장에서 축구 경기가 펼쳐지고 있다. 그때 거실에 앉아 축구 경기를 TV로 시청하고 있다고 가정해 보자. 당연히 현장과 시청자 사이에는 영상제작자가 중계자 역할을 하고 있다. 나는 TV에서 꽹과리 소리가 경기장 전체를 울리는 소리를 듣다가 문득 이런 의문이 들었다. '현장에서도 꽹과리 소리가 TV에서처럼 저렇게 크게 들릴까?' 물론 집에서 확인할 방법은 없다. 대다수 시청자는 현장의 분위기가 TV 화면에 보이는 것과 크게 다르지 않으리라 생각하며 볼 뿐이다. 그런데 현장의 분위기는 그렇지 않을 수도 있다. 여기에 영상제작자의 주관과 선택이 개입되기 때문이다. 중계방송에 사용되는 마이크를 꽹과리 쪽에 가까이 배치하고 음량을 다른 함성보다 조금 더 증폭시킨다면, 현장에서는 크게 의미 있게 들리지 않을 꽹과리 소리가 TV에서는 압도적인 현장음이 될 수 있다.

영상제작자들은 왜 꽹과리 소리를 더 높여야 했을까? 많은 이유가 있을 수 있다. 흥겹고 이색적인 응원 소리로 현장 분위기를 다채롭고 풍성하게 만들고 싶은 직업적 의도나, 해당 방송사의 핵심 주력 사업이 마침 '우리 전통과 민요의 만남'인 탓에 일종의 애사심의 발현일 수도 있다. 그것도 아니면 그냥 담당 영상제작자가 꽹과리 소리를 개인적으로 좋아했을 수도 있다. 이유가 어떻든 그곳에는 명백히 제작자의 의도가 존재한다. 그런 의도를 위해 영상제작자들은 '선택과 삭제'를 의미하는 '편집'이라는 행위를 통해 정보를 필터링할 수 있다. 시청자는 영상제작자가 선택한 정보만을 일방적으로 사실처럼 받아들이게 된다. 따라서 축구 경기의 생동감, 진실에 가까운 현장감이 시청자들에게 그대로 전달되기란 애초에 불가능하다. 그곳에는 의도했건 그렇지 않건 제작자의 의도가 개입되기 때문이다.

그러던 와중에 2006년 5월 26일 세르비아와 함께한 국가대표 친선경기에서 웃지 못할 해프닝이 벌어졌다. 경기는 시종일관 접전이었고, 양 팀은 아슬아슬한 유효슈팅을 번갈아 내주며 엎치락뒤치락 거듭했다. 그러던 중 우리나라 선수가 바라고 바라던 첫 골을 터뜨렸다. 바로 그때 문제가 발생했다. 선수들이 환호하고 세리머니를 하는 장면에서 소프라노 조수미의 〈오, 대한민국〉이 힘차게 울려 퍼진 것이다. TV 생중계로 이 장면을 보다가 내 귀를 의심하지 않을 수 없었다. 축구 경기 중에 갑자기 백그라운드 음악을? 결국 방송사는 며칠간 여론의 뭇매를 맞았고 결국 담당 부서의 책임자가 재발 방지를 약속했다.

영상제작자의 의도

이 해프닝은 그 후로 오랫동안 나에게 몇 가지 생각할 거리를 던져주었다. 우선 영상이라고 하는 미디어가 판을 깔아주면, 영상제작자는 영상을 편집함으로써 '권능'을 얻는다는 것이다. 모든 영상은 예외 없이 제작자의 의도에 따른 연출과 편집을 통해 시청자들에게 전달된다.

뙤약볕이 내리쬐는 한여름 오후 두 시의 어느 대학캠퍼스. 에어컨이 없는 습한 강의실에 학생 한 명이 앉아 있는 이미지를 떠올려보자. 강의실 한쪽 벽면에는 벽걸이 선풍기가 나른한 팬 소리를 내며 돌아가고 있다. 습하고 더운 바람이지만 선풍기 하나에 의지해 학생이 꿋꿋이 책을 보고 있다.

이것이 현장에서 직접 파악한 정보의 전부다. 이것을 TV를 통해 시청자들에게 전달하려면 어떤 과정이 개입되어야 할까? 여기서 우리가 흔히 하는 착각은, 아무런 편집 없이 상황을 그대로 보여주기만 하면 현장의 진실이 그대로 사람들에게 전달될 것이라고 믿는다는 것이다. 실제로는 어떤가? 우리가 전달하고 싶은 현장은 오감으로 느껴지는 다양한 것들이 존재하는 곳이다. 하지만 영상은 시청자들에게 정보를 전달하고 특정 상황에 대한 공감을 유도하기 위해 두 가지의 감각 즉 '시각과 청각'만을 활용할 수 있을 뿐이다. 강의실의 '습도'는 영상이 전달할 수 없는 감각이다. '습함'은 필연적으로 시각화되어 시청자들에게 전달되어야 한다.

이를테면 이런 식이다. 강의실이 덥고 습하다는 것이 현장의 기본 정보라고 한다면, 학생이 숨이 막힐 것 같이 괴로워하는 모습을 보여주어야 한다. 물론 학생이 참을성이 무척 강한 친구라 그런 걸 일절 내색하지 않을 수도 있다. 그렇다면 제작자는 학생에게 그와 관련된 일련의 행동이라도 요구해야 한다. 이도 저도 싫다면 강의실 벽면에 걸려 있는 온도계와 습도계를 보여주기라도 해야 한다. 이것이 바로 습하다는 '감각'의 '시각화'이다.

현장에는 에어컨이 없지만 선풍기가 돌아가고 있었다. 선풍기가 돌아가며 만들어 내는 바람의 느낌 역시 꼭 전달해야 할 정보라 판단된다면 선풍기를 비춰주고, 선풍기가 작동한다는 의미로 선풍기 바람에 책의 페이지나, 유리창의 커튼이 살랑거리는 것을 보여줌으로써 선풍기가 공간 안에서 어떤 비중을 차지하는지 시청자가 가늠할 수 있게 한다. 이 과정을 보여주지 않으면 시청자들은 선풍기의 존재와 역할에 대해 어떤 정보도 얻을 수 없다. 이렇듯 현장의 '진실'을 영상이라는 미디어로 이식하기 위해 시각화하는 작업은 필수적이다.

이렇게 시각화된 정보, 다시 말해 TV를 통해 전달된 '진실'은 정말 진실할까? 진실처럼 보이는 정보 속에서 '편집'이라는 변수가 개입된다는 것을 깨닫는다면 깜짝 놀랄 수도 있다. 평온하지만 덥고 습한 그 공간에 사실은 한 명이 아니라 수십 명의 학생이 앉아 있을 수도 있다. 카메라가 비추지 않는 반대쪽 화면에는 열네댓 명 정도의 학생이 앉아 있을 수 있다. 그 학생은 영상제작자에 의해 졸지에 빈 강의실에 혼자 앉아 있는 것으로 둔갑해 버릴 수 있다. 그뿐 아니다. 강의실은 사실 에어컨이 시원하게 나오는 쾌적한 곳일 수도 있다. 화면 속 학생이 이마에 송골송골 땀이 맺힌 채 강의실에서 짜증이 나는 표정을 지은 이유는 강의실에 들어오기 위해 복도와 계단에서부터 뛰어왔기 때문일 수 있다. 영상에서는 그런 배경이 생략된다. 학생이 강의실에 도착하자마자 책상에 앉아 땀을 닦으며 더위에 불쾌해하는 모습이 '강의실의 에어컨이 고장 났다'라는 영상제작자의 목적을 뒷받침하는 논거로 사용되었을 뿐이다.

이것이 영상이라는 미디어가 가진 치명적인 마력, 그리고 영상을 제작하는 제작자의 권력에 관한 이야기다. 현장의 정보는 가공되고 편집되고 왜곡될 수 있다. 영상제작자들은 이 '전지전능한 권력'을 영상 안에서 마음껏 발휘하고 자신들이 전하려는 메시지를 강화해 왔다. 그런 점이 잘 드러난 작품이 영화 〈트루먼 쇼〉다. 영화에서 크리스토프(에드 해리스 분)는 초대형 세트장인 '씨 헤이븐'을 만들고 그 사실을 모른 채 그곳에서 살아가는 트루먼이라는 인물을 대상으로 '트루먼 쇼'라는 거대한 쇼를 연출한다. '트루먼 쇼'는 트루먼이라는 주인공만 빼면 온통 가짜뿐이다. 우리의 일상생활 속에서는 편집을 통해 상황을 통제해야 하지만 씨 헤이븐은 편집이 필요 없다. 도시 전체가 하나의 세트장이기 때문이다. 거주자가 전부 연기자다. 프로듀서들의 '전지전능한 권력'에 대한 원초적 욕망이 투영된 영화가 바로 〈트루먼 쇼〉인 셈이다. 영상제작자들은 모두 영화 속 크리스토프처럼 크고 작은 상황 속에서 권력을 발휘해보고 싶어 한다.

2006년 월드컵 에피소드로 돌아가보자. 당시 제작진들은 대한민국 선수들이 득점한 순간 격정적인 배경음악으로 현장의 감동을 최고조로 끌어 올릴 수 있으리라 생각했던 것이 분명하다.

> 푸른 하늘 두 팔 벌려 날아오른 붉은 함성
>
> 나아가리라 솟구치리라 승리하리라
>
> 오! 대한민국, 오 자랑스런 나의 이름
>
> 오! 대한민국, 빛나는 내 아들아

격정적인 배경음악이 흐르는 가운데 선수들이 얼싸안고 관중들은 감동의 눈물을 흘린다. 붉은색으로 관중석을 채운 붉은 악마. 장엄히 흔들리는 대형 태극기. 경기장을 가득 메운 함성. '대한민국!'

실제 현장에서 울려 퍼진 이 노래는 프로듀서의 마음을 흡족하게 했던 상상 속의 이미지와는 많이, 그것도 아주 많이 달랐다. 현장음을 내리고, 음악이라니! 신선하긴 했으나 삭제된 현장음과 함께 감동도 삭제됐다. 스포츠의 감동은 예측할 수 없는 상황에서 만들어지는 카타르시스의 폭발이다. 한마디로 각본 없는 드라마다. 화면을 있는 그대로 TV에 이식하자는 결심과 함성을 가득 담아내자는 작은 원칙만으로도 절반의 성공은 이룰 수 있다. 중간은 간다. 충분하다 못해 넘친다. 그런 상황에서 느닷없이 연출이라니?

물론 나도 가끔 그런 강박감이 직업병처럼 올라올 때가 있다. 길을 걷다가 누군가 쓸쓸히 벤치에 앉아 있는 모습을 보면, 그 장면에 무척이나 슬픈 배경음악을 깔아보고 싶은 충동을 느끼곤 한다. 실제로 음악은 상당히 직설적인 메시지 전달 도구라서 어떤 음악을 배경으로 까느냐에 따라 벤치에 앉은 사람의 상황을 영상제작자의 의도대로 설정할 수 있다. 영상을 제작하다 보면 심심찮게 사람들과 인터뷰를 하게 되는데 인터뷰가 감정에 북받쳐 잠시 말을 잇지 못하는 장면이 나오면 그렇게 흡족할 수 없다. 그 순간 '저 장면을 어떻게 요리할 수 있을까?'라는 생각이 들면서 수많은 배경음악이 머릿속에서 펼쳐진다. 영상제작자, 프로듀서란 바로 이런 사람들이다.

반칙에도 휘슬을 불지 않은 심판의 면상

현장에 배치된 수십 대의 중계 카메라가 찍는 소름 돋을 만큼 현장감 있는 화면을 5.1채널 사운드로 TV 앞에 앉아 있는 시청자들에게 전달한다 한들, 그것이 진짜 현장에서 일어나는 '있는 그대로의 진실' 이라고 부를 수 있을까? 이 문제는 TV라고 하는 레거시 미디어의 '저 널리즘'이라는 보다 관념적인 주제와 연관되어 있다.

앞서 말했듯 필연적으로 TV 시청자들은 영상제작자들이 선택한 일부 정보만 볼 수밖에 없다. 예컨대 사이드라인 쪽에서 페널티 에 어리어 안쪽으로 공을 빠르게 몰고 가던 공격수를 향해 수비수의 위험한 플레이가 나왔다. 관중들의 야유가 쏟아지고 일순간 심판에 게 모두가 집중한다. 페널티킥이 분명한 상황이었기 때문이다. 그 러나 심판은 반칙은 없었다는 듯 양팔을 거칠게 휘저으며 경기를 그대로 진행한다. 영상은 넘어져 있던 공격수가 땅을 치며 격분한 뒤 심판에게 거세게 항의하는 장면을 어느 정도 보여주다가 바로 리플레이 비디오를 틀어준다. 조금 전에 있었던 공격수의 드리블하 는 모습과 상대방의 태클 장면이 정교하고 아슬아슬하게 화면에서 리플레이 된다.

여기서 퀴즈를 하나 내 보겠다. 부조정실의 프로듀서는 리플레이 가 끝난 후 영상을 경기장 현장 화면으로 돌려야 하는데 어떤 화면 을 준비하고 있을까? 정답은 백이면 백, 그라운드에 심판이 서 있 는 장면이다. 심판을 담은 이 샷에는 아주 확실한 부조정실의 메시 지가 담겨 있다.

'반칙에도 휘슬을 불지 않은 심판의 면상을 보여 드립니다.'

이 순간 영상은 심판이 '공정하지 않고, 고집불통'이라는 이미지 를 강렬하게 심어준다. TV 앞 시청자들은 그냥 축구 중계를 보고 있었을 뿐인데, 90분 내내 쉬지 않고 영상을 중계하는 영상제작자의 의식적인 혹은 무의식적인 메시지에 무방비로 노출된 셈이다.

이와 관련하여 내가 직접 겪은 또 다른 사례도 있다. 1987년 대통령 직선제가 처음 시작되던 때 나는 한창 놀기 좋아하는 초등학생이었다. 그때 난생처음 대통령 선거라는 걸 한다는데 가끔 TV 뉴스를 보고 있으면 기호 1번 후보가 광활한 광장에서 수많은 인파를 상대로 연설을 하는 모습이 나왔다. 기호 2번 후보도 1번만큼은 아니라도 꽤 많은 사람 앞에서 연설했는데, 3번 후보는 눈에 띄게 작은 광장에서 상대적으로 적은 인파를 상대로 연설을 했다. 뉴스의 영상을 보며 나는 '아, 1번 후보가 제일 인기가 많고, 3번 후보가 제일 인기가 없구나'라고 생각했다. 거기에 영상제작자의 '필요에 의한 선택'이 있었다는 사실은 당연히 꿈에도 생각지 못했다. 아주 오랜 시간이 흘러 3번 후보의 초대형 광장 연설 사진을 보고서는 꽤 허탈했던 기억이 있다. 내 기억 속 3번 후보는 언제나 골목이나 작은 광장에서 연설하는 모습뿐이었기 때문이다.

살인자도 당신 편이 되게 해주겠어

사람들은 실제로 본 것만을 진실로 믿으려는 본능이 있다. 영상을 보는 경우 대체로 시간순으로 이야기가 전개되는 것으로 인식하게 되지만 사실 편집은 '비선형'적인 작업이기에 얼마든지 시간과 순서를 조작하여 그것을 '선형화'시킬 수 있다. 영상제작자가 스토리를 어떤 관점에서 풀어내느냐는 시청자가 영상에 대해 취할 태도를 정하는 데 결정적인 영향을 끼친다.

소설 『존재하지 않은 여자 She Who Was No More』와 1955년에 제작된 동명의 영화를 기반으로 리메이크한 영화 〈디아볼릭〉은 1990년대 최고의 섹스 심볼이던 이자벨 아자니와 샤론 스톤이 함께 출연하여 화제를 모았던 영화다. 영화에는 '가이'라는 남자의 부인인 미아(이자벨 아자니 분)와 가이와 바람을 피는 니콜(샤론 스톤 분)이 등장한다. 가이는 학교의 교장 선생이고, 미아와 니콜은 가이가 운영하는 학교의 교사다. 매우 강압적이고 자기중심적인 가이의 성격 탓에 미아와 니콜은 서로 의지하고 격려해 주는 사이가 되지만, 가이에게 환멸을 느껴가며 한계점에 부딪힌 두 여자는 이 상황을 끝낼 유일한 방법이 가이를 살해하는 것뿐이라고 생각하고 마침내 실행에 옮긴다.

우선 미아가 약을 탄 술을 먹여 가이를 실신시키고 미리 대기 중이던 니콜이 합류해 바닥에 쓰러진 덩치 큰 사내의 상태를 확인한다. 이때부터 시작된 두 여자의 사투에 시청자들은 안절부절못하기 시작한다. 살인이라고는 인생에서 단 한 번도 생각하지 못했을 평범하고 아름다운 여자들은 안간힘을 다해 쓰러진 가이를 간신히 욕조로 옮기기 시작한다. 이미 물을 가득 받아 놓은 욕조에 가이를 담가 익사시키려는 계획인 것 같다. 겨우 가이의 몸이 욕조 물속으로 서서히 잠기려는 순간 뜻지 않은 문제가 발생한다. 가이가 깨어난 것이다. 미아와 니콜은 가이의 몸을 필사적으로 누르려 하고, 약

아날로그 필름메이커

기운 탓에 움직임이 온전치 않은 가이는 안간힘을 써 보지만 얼마간의 몸부림 끝에 끝내 숨을 거둔다. 이미 죽은 것이 확실했지만 가이가 깨어날 것을 두려워한 두 여자는 무거운 정수 통을 가이의 몸에 올려놓고 나서야 안도한다. 그렇게 밤새도록 욕조 위에 시신을 버려둔 후, 날이 밝자 두 여자는 큰 상자에 가이의 시신을 담아 자동차의 트렁크에 옮겨 싣는다.

인적이 뜸한 밤을 이용해 두 여자가 향한 곳은 자신들이 일하는 학교의 외딴 수영장이다. 이곳에 가이의 시신을 유기하기로 한 것이다. 관리를 전혀 하지 않은 수영장은 악취가 진동하는 구정물로 가득 차 있어서 시체를 유기하기에 이만큼 좋은 장소도 없어 보였다. 그런데 어렵게 가이의 시신을 수영장으로 던지는 순간 또 다른 문제가 발생했다. 니콜이 가지고 있던 선글라스가 시신에 걸려 함께 수영장 안으로 빨려 들어간 것이다.

며칠이 지나도록 니콜과 미아의 관심은 온통 수영장에 집중되어 있다. 관리인이 수영장에 서성거리는 것에 신경이 쓰이고 학생들이 실수로 찬 공이 수영장 물에 빠져 정신이 번쩍 들기도 했지만, 이보다 더 큰 문제는 며칠이 지나도 가이의 시신이 물 위로 떠 오르지 않는다는 점이다. 니콜과 미아는 시신이 떠오르면 그때 가이가 술에 취해 수영장에 빠져 익사했다고 신고하려던 참이었다. 계속 시신이 떠오르지 않자 불안해하던 두 사람은 마침내 수영장의 물을 빼 보기로 한다. 그리고 수영장의 물이 다 빠지자 미아는 그 자리에서 실신한다. 물이 다 빠진 수영장 어디에도 가이의 시신이 없었기 때문이다.

〈디아볼릭〉이 웰메이드 영화로 많은 사람에게 회자하는 것은 아니지만, 내가 주목한 이유는 다른 데 있다. 이 영화는 샤론 스톤과 이자벨 아자니라는 극도로 매력적인 두 여자의 대척점에 폭력적이고 위압적인 가이를 세워뒀다. 이렇게 만들어진 대결 구도에서 영화는 의식적이건 그렇지 않건 두 여자의 관점과 시각에서 이야기를 풀어가게 되고, 시청자들은 두 여자에게 감정을 이입하며 영화를 시청하게 된다. 우리는 등장인물과 상황에 대한 가치판단을 끝낸 상태에서 영상을 시청하곤 하는데, 그 기준은 사실 크게 특별하지 않다. 본능적으로 영화에 등장하는 주인공들과 같은 입장이 되어 감정 이입하게 되기 때문이다. 두 여자가 가이를 살해하기 위해 고군분투하는 장면에서 시청자들도 함께 몸이 달아오르게 된다. 가이가 욕조에서 깨어날 때, 수영장에 시체를 유기할 때, 니콜의 선글라스가 걸려 함께 빠질 때, 시청자들은 탄식을 내뱉는다. "얼른 가이의 얼굴을 물속으로 처넣으라고!", "시신이 발견될 때 선글라스도 함께 발견될 텐데 어쩌지?"라는 식으로 말이다. 수영장 주변에 사람들과 학생들이 어슬렁거릴 때는 '제발 그쪽으로 접근하지 말아줘'라는 마음이 들고 시체가 수영장 안에 없다는 사실을 알게 된 순간에는 니콜과 미아가 느꼈을 당혹감을 시청자도 똑같이 느꼈을 것이다.

엄밀히 말하면 두 여자는 살인을 저질렀다. 살인뿐 아니라 시신을 유기하고 은닉했으며, 그 과정에서 주변인을 적극적으로 기만했

　　　　　　　　　아날로그 필름메이커

다. 한마디로 '죄질이 매우 나쁜 살인자들'이다. 물론 살인을 저지를 만한 상황과 동기가 전혀 없던 것은 아니다. 그러나 그것과는 별개로 살인의 현장을 바라보는 시청자들이 살인자의 입장에 감정이입을 하고 있다는 것은 매우 이상한 일이다. 우리가 지닌 보편적 도덕률의 관점에서 본다면 살인을 저지르는 상황에서는 피해자가 살해되지 않기를 바라야 한다. 시체를 유기하는 과정에서 선글라스가 함께 빠졌다면 그건 살인의 열쇠를 푸는 결정적인 증거라고 여겨야 한다. 수영장 주변에 어슬렁거리던 관리인이나 학생들이 시신을 우연히라도 발견했다면, 미궁으로 빠져들지도 몰랐던 살인 사건을 해결해 줄 것이라 기대해야 한다. 우리가 상식적이면서 도덕적으로 인식하고 있는 정의의 관점으로 보면 우리가 감정이입을 해야 할 대상은 니콜과 미아가 아니다. 그들은 그냥 살인자들이고 법으로 단죄를 받아야 할 대상인 것이다.

이 지점에서 영상이 가지고 있는 마력과도 같은 힘에 혀를 내두르지 않을 수 없다. 영화가 두 사람이 살인할 수밖에 없는 이유를 제시한 뒤 관객들이 '살인은 어쩔 수 없는 선택이었어'라고 생각하도록 심리적 무장 해제를 끌어내고, 살인의 과정에서는 오히려 살인자들의 관점으로 감정이입을 하게 하고, 영화가 끝날 때까지 그 태도를 유지한 채 영화관을 나오도록 하는 그 힘 말이다. 물론 영화 한 편이 가치관과 세계관을 궁극적으로 바꿔 놓을 수는 없겠지만, 영상에 몰입하게 된 순간 내 태도와 관점이 순식간에 바뀌었다가 제자리로 돌아오는 일련의 과정은 사실 두렵기 짝이 없다. 관객을 살인자의 편이 되게 만드는 이 힘은 대체 어디서 나오는 것일까?

이처럼 영상제작자는 전하고자 하는 메시지를 영상을 보는 이들이 의식적이거나 무의식적으로 받아들이도록 조작(편집)한다. 또한, 제작자의 입장이나 태도를 시청자들이 적극적으로 받아들여 궁극적으로 점진적인 행동의 변화까지 끌어낸다. 이런 점에서 영상미디어가 가지고 있는 힘은 두말할 나위 없이 강력하다.

유튜브가 가져온 변화

역사적으로 정보를 독점하고 선택적으로 편집하여 입맛에 맞게 왜곡하거나 특정 의도를 강조하는 따위의 행동은 독재자들이 보여주었다. 방송국에 소속된 영상제작자들은 한정된 전파라는 공공재를 이용해 작게는 자신의 프로그램 메시지 관리를 할 수 있고, 크게는 사회적 어젠다를 세팅하고 끌고 나가는 힘을 가지고 있다는 점에서 독재 권력과 다르지 않다. 그러다 보니 유튜브 이전 시대의 영상제작자들은 영상을 하나의 '권력'으로 바라보았다. 영상을 제작하는 것은 그들만의 특권이어서 사회에 큰 영향력을 행사할 수 있는 좋은 직업이었으니 말이다.

영상제작을 특권으로 바라보고 으스대던 영상제작자들에게 유튜브는 일종의 갈등요소다. 그들이 보기에 유튜브는 근본도 없는 '저퀄' 영상이 설치는 곳이다. 그래서 기본적으로 유튜브를 얕잡아본다. 아주 정교한 이유를 들어 유튜브의 영상 하나하나가 얼마나 말도 안 되는 것들인지 잘게 분석해 낼 수도 있다. 노출 과다, 조악한 마이크 수음, 뒤틀어진 화면 구도, 유치한 자막 디자인 등 유튜브에 빼곡히 차 있는 처참한 수준의 영상은 이들에게 재앙에 가깝다. 그리고 자신들의 콘텐츠 제작 능력으로 언제든 마음만 먹으면 유튜브 시장쯤은 평정해 낼 수 있으리라 생각하기도 한다.

그뿐인가? 레거시 미디어의 영상제작자들은 백번 양보해서 유튜브를 이용한다 해도 단순히 온라인 외장 하드 이상으로 여기는 것 같지 않다. TV로 방영된 CF를 모아두는 곳, 방송프로그램의 이번 주 예고편을 올려놓아 본방송 시청을 유도하는 곳 정도의 인식이다. 유튜브 안에서 주목받기 시작한 스타들은 이제 TV로 진출해야 한다는 내면화된 '출세코스'도 바로 유튜브는 B급이라는 정서에서 기인하는 것 같다.

'대도서관' 같은 유명한 유튜버들이 TV 프로그램의 패널에 앉아 있는 모습을 볼 때면 TV 플랫폼이 내뿜는 위압감의 아우라를 종종 느낀다. 유튜브에선 초대형 스타이지만 TV 프로그램에 나와선 '듣보잡 온라인 스타' 취급을 받는 것 같다(사실 이런 경우 그 TV 프로그램이 오히려 듣보잡인 경우가 많다). 유튜브에서 인기 좀 있다며? 그럼 방송에 대해선 잘 모를 테니 잘 배워 둬. 성공하려면.

하지만 레거시 미디어의 영향력은 나날이 줄어들고 있다. 유튜브가 우리나라에서 폭발적인 성장이 있기 몇 년 전부터 이런 징조는 시장과 시청자들 사이에서는 이미 요동치고 있었다. 필패할 것이라 여겼던 IPTV의 VOD 시장 규모가 하늘 높은 줄 모르고 치솟아 올랐다. 그동안 소비자들은 보고 싶은 프로그램이 있으면 방송사 홈페이지에 직접 찾아가서 회원 가입을 하고 방송사마다 다르게 제공하는 패킷을 구매해 영상이 업로드되기를 기다렸다가 시청해야 했다. 생각만 해도 끔찍한 이런 콘텐츠 소비 과정을 비웃듯 IPTV는 모든 방송 프로그램을 한 화면에 하나의 카테고리로 묶었다. 그 때문일까? '콘텐츠는 공짜'라고 여기다가 '돈을 내도 된다'라는 소비자들의 심리적 마지노선이 무너지면서 소비가 촉발되었다.

불법 공유 사이트에 당일 올라온 파일들을 검색하여 일일이 내려받아야 했던, '공짜라서 감수해야 할 번거로움'을 천원 정도의 저렴한 비용으로 TV 리모컨 클릭 몇 번이면 원하는 프로그램을 바로 시청할 수 있게 된 '편리함'이 압도한 것이다.

편리함에 대한 끊임없는 갈망은 인류가 진보할 수 있도록 한 가장 강력한 동기다. 콘텐츠를 누리고 공유하는 인간의 본능 역시 가장 편리한 플랫폼을 찾아 징검다리 건너듯 뛰어다니게 한다. 예전에는 집집마다 VCR 레코더가 있어서 비디오 대여점에서 빌려온 영화들을 시청하는 용도로 주로 활용하였다. 다른 채널 프로그램을 봐야 해서 지금 당장 시청하지 못할 때 프로그램들을 녹화하기 위해 VCR 레코더를 사용하였다. 요즘에는 일일이 개인이 수고를 들여가며 이런 식으로 프로그램을 녹화하는 경우를 찾아보기 힘들다. 그보다 더 편리한 방법들이 널려 있기 때문이다.

방송사 콘텐츠의 각개전투

IPTV의 VOD 매출이 급속히 느는 시기에 사람들의 TV 시청 패턴도 눈에 띄게 변화되었다. 변화의 핵심은 사람들이 이제는 TV 채널을 중심으로 프로그램을 시청하지 않고, 개별 프로그램 하나하나를 독립적인 콘텐츠로 인식하고 즐기기 시작했다는 데 있다. 즉 저녁 시간에 자리 잡고 앉아서 생활 정보 프로그램과 일일 드라마를 본 뒤 뉴스를 시청하고 이어서 드라마, 심야 연예 프로그램, 마감 뉴스로 마무리되는 한정식 코스 요리 같은 고정된 시청 패턴이 급속히 바뀌기 시작했다. 그 시절에는 시청자가 어떤 '채널'을 선호하느냐가 영상 시청의 큰 전제였다. 요즘 시청자들은 그런 패턴으로 영상을 시청하지 않는다. 그들은 〈무한도전〉, 〈1박 2일〉, 〈도깨비〉 같은 콘텐츠 하나하나를 골라서 시청하기 시작했다.

이런 변화된 시청 패턴에 가장 먼저 타격을 입은 것이 TV CF다. 편성시간 내 프로그램과 프로그램 사이에는 15분이라는 간격(전통적으로 편성표는 한 시간 단위로 기획되고 개별 프로그램은 최소 45분의 러닝타임으로 제작된다)이 있다. 그 간격을 비집고 들어와 채우던 TV CF가 프로그램만 쏙쏙 골라보는 시청 패턴의 변화로 인해 존재 가치가 뿌리째 흔들려 버린 것이다. 물론 유튜브에도 영상 시작 전 5초나 15초짜리 형태의 광고 포맷이 존재하긴 하지만, TV CF와 근본적으로 다르다. 이렇게 유튜브, 아프리카 TV 등에 볼 만한 영상물들이 많아지다 보니 자연스럽게 지상파, 케이블의 프로그램 시청 시간도 동반 하락을 면치 못한다. 그 결과는 필연적으로 광고 수입

감소와 시청률 저하로 이어진다. 레거시 미디어 혹은 올드 미디어 영상제작자들은 그런 면에서 갈등의 시기를 보내고 있다.

어떤 방송국에 혹은 프로덕션에 속해 있느냐 자체가 중요했던 시기를 지나, 어떤 콘텐츠를 만들 것이냐가 영상제작자들에게 더 본질적인 어젠다가 되기 시작했다. 따라서 지금 영상을 시작하려는 이들은 전략의 방향과 고민의 틀을 재점검할 필요가 있다. 즉, '어떤 방송국에 들어가서 어떤 역할을 하는 프로듀서, 작가가 되겠어'라는 고민의 근원이 어디인가 하는 고민 말이다.

가령 당신이 만들고 싶은 영상과 콘텐츠가 있다고 하자. 그것을 대형 프로덕션과 방송국에서 이뤄내고 싶다는 꿈을 꾸고 있다면, 성공 가능성은 제로에 가깝다고 말해 주고 싶다. 나는 방송국에 입사 후 1년 동안 선배가 시키는 일만 했다. 선배는 그 기간을 '배우는 시기'라고 부르곤 했다. 아주 가끔 작은 부분에서 내 의견이 반영되는 때가 있었다. 그러나 대부분의 시간 동안 나는 방송국에서 큰 그림을 그리는 데 사용되는 256색 포스터물감 중 하나였고, 내가 기획한 프로그램 아이디어가 팀장, 부서장, 편성국장, 본부장 등에 의해 덧칠되는 모습을 보며 좌절감을 느낀 때가 많았다. 훗날 회사에서 채널 하나를 추가로 런칭하기로 하고 그 프로젝트의 TF팀에 속하게 되었을 때, 비로소 내가 생각하는 큰 그림을 그릴 수 있었다. 입사한 지 4년이라는 시간이 흐른 뒤였다.

새내기 PD 시절 야근을 하고 집으로 돌아가는 퇴근길에 사람으로 가득한 심야버스 한구석에 앉아 있다가, 마치 춤추듯 흔들리는 버스 손잡이들을 바라보며 이런 생각에 잠긴 적이 있다.

'나는 분명 만들고 싶은 영상이 있다. 그리고 그 영상이 방송사를 통해 전해지면 시너지가 충분할 것이다. 그런데 나의 꿈을 '온전히' 이루기 위해 대체 몇 년의 시간이 필요한 걸까?'

곰곰히 따져보니 10년이 더 필요했다. 그게 내가 최종적인 의사 결정을 하고 제작을 지휘할 수 있는 직위에 오르기까지의 시간이었다. 그 시간이 지나면 나는 지금처럼 젊지 않을 것이고, 그때는 지금 만들고 싶은 영상에 대한 열정이 남아있을 것 같지 않아 보였다. 10년은 그걸 준비하는 데만 사용하기에는 아까운 시간이었다.

대다수 '현업'의 영상제작자들은 유튜브에 대해 잘 알지 못한다. 유튜브를 향한 여러 가지의 관점이 뒤섞여 있다는 게 더 적절한 표현일 것 같다. 기본적으로 무시와 조롱이 깔려 있지만, 괄목할 만한 성장세에 한쪽에서는 위기의식도 느낀다. 이들 중 이런 변화에 조금 더 관심을 가진 영상제작자들조차도 유튜브를 단순히 '유통 단계의 혁명' 정도로 인식하는 경우가 많다. 절반만 맞는 말이다. 그들 말대로 유통 단계의 혁명으로만 유튜브를 규정하더라도 이것은 이미 영상제작자들에게 놀라운 혁신이요, 동시에 기회다.

영상을 만들어서 누군가에게 마음껏 보여줄 수 있는 플랫폼이나 마켓이 존재한다면, 그리고 기회가 균등하게 주어진다면 그것은 분명 영상제작자에게 황금기가 열리는 것이다. 이 시점에 우리들의 고민은 재점검되어야 한다. 자신이 진짜 하고 싶은 일이 무엇인지. 방송국 출입증을 자랑스럽게 목에 걸고 거대자본과 산업이 이끄는 제작 시스템을 경험하며 큰물에서 노는 영상제작자가 되고 싶다면 그 길을 흐트러짐 없이 준비해야겠다. 그러나 영상 자체에 대한 열정, 만들고 싶은 콘텐츠에 대한 열정으로 이글거리는 뜨거운 심장을 가지고 있다면 당신이 '놀아야 할 곳'은 방송국이 아니다. 거대 프로덕션도 아니다.

올드 미디어 영상제작자의 관점에서 영상은 권력이었다. 그러나 나는 유튜브로 대변되는 오늘날의 영상을 '권력'이 아닌 '언어'로 바라본다. 영상을 바라보는 관점의 축이 옮겨가고 있다. 몇몇 레거시 미디어 출신의 유튜버들이 이런 이야기를 할 때가 있다.

"잘 준비된 거대 프로덕션이 유튜브 시장으로 많이 뛰어들 거예요. 물량 공세를 펼치면 곧 지각 변동이 일어나겠죠."

나는 고개를 갸우뚱거린다.

'정말 그렇게 믿고 있는 거야?'

　　　　　　　　　　　　아날로그 필름메이커

제2장

영상은 언어다

콘텐츠는 가장 쉽고 편한 플랫폼의 파도를 탄다

지금으로부터 20년 전인 2000년대 초에는 초고속 인터넷이 각 가정에 들어오기 시작했다. 필름카메라의 시대가 끝나고 압도적인 화질을 보장하는 DSLR 카메라가 시장에서 주목받기 시작한 것도 이때였다. '싸이월드'의 전성기여서 '싸이질,' '도토리', '일촌', '파도타기' 등 추억 돋는 단어들이 당시 '넷월드'의 플랫폼을 주도했다.

초고속 인터넷, DSLR 카메라, 싸이월드 등으로 대표되는 2002년의 키워드를 가지고 한번 이야기를 풀어보자. 얼핏 보면 서로 연관 관계가 없을 것 같은 키워드들이 서로 영향을 주거니 받거니 하면서 콘텐츠와 그 콘텐츠를 공유하는 플랫폼을 만들어갔다. 인터넷 접속 속도가 빨라지고 대중화되니 사람들은 더 큰 용량의 파일을 공유할 수 있게 되었다. 그전까지 인터넷은 회사나 학교 도서관, 전산실에서나 쓰던 것이었고, 가정에서는 모뎀을 이용한 'PC 통신'

즉, 텍스트 기반의 통신 서비스 정도만 사용했기 때문에 대용량 이미지 파일을 주고받기는 쉽지 않았다. 초고속 인터넷은 장소와 시간에 구애받지 않고 큰 용량의 이미지를 누구나 부담 없이 소비할 수 있도록 만들었다.

한편 그 시기에 붐을 일으켰던 DSLR은 어떤가? 기존의 디지털카메라가 프로페셔널한 이미지에 다소 미치지 못하는 화질과 퍼포먼스를 보여줬던 반면, DSLR은 전문가급 장비를 보다 적절한 가격에 일반인이 접할 수 있는 문을 단숨에 열어주었다. 하지만 초고속 인터넷이 없었더라면 사람들은 DSLR을 구매하는데 조금은 머뭇거렸을 것 같다. 찍으면 뭐하나? 인터넷은 느려 터졌고, 올릴만한 곳도 없는데. 그래서일까? 촬영한 이미지들을 인화지에 출력해주는 서비스들이 온라인상에서 하나둘씩 생겨났다.

DSLR로 초고화질 사진을 찍은 뒤 빠르게 인터넷에 올릴 수 있는 회선이 만들어지고, 사진을 업로드하여 공유하고 저장할 수 있는 공간인 싸이월드가 생긴 후로 콘텐츠가 폭발적으로 생산되기 시작했다. 이 얼마나 편리하고 쉬운가? 콘텐츠는 반드시 그 시대의 가장 쉽고 편리한 미디어와 플랫폼의 파도를 타게 된다. 물론 불편함은 수시로 발견될 것이다. 사용자들은 그때마다 더 편리한 플랫폼을 찾아 항로를 수정한다. 싸이월드의 작은 화면을 점차 답답하고 불편하게 느끼던 사람들이 블로그라는 대체재를 발견한 것처럼 말이다. 블로그가 활성화되자 전문가급 카메라로 찍힌, 프로 사진가 뺨을 후려칠 만한 엄청난 양의 이미지들이 초고화질로 업로드되기

아날로그 필름메이커

시작했다. 이것을 나는 'JPEG의 혁명'이라고 부르고 싶다. JPEG 파일은 원본 사진 이미지의 용량을 획기적으로 줄여 주면서 화질도 어느 정도 보장해 주는, 온라인 플랫폼에서 소비할 만한 최적의 미디어로 일찌감치 낙점받은 이미지 포맷이다.

이렇듯 'JPEG의 혁명'을 통해 사진이라는 미디어가 '대세'가 되자 수많은 분야의 콘텐츠가 사진과 이미지를 이용해 생산되기 시작했다. 여행기, 맛집 탐방, 일상 이야기, 리뷰, 쇼핑 등 우리가 누릴수 있는 거의 모든 분야의 콘텐츠가 사진을 기반으로 제작되었다. 따라서 당시 온라인 커뮤니티의 언어는 '사진'이었다고 할 수 있다. 이 사진이라는 언어를 통해서 사람들은 온라인에서 소통의 효율을 높였다. 사진이 정보를 기록하고 공유하는 메시징툴이 되었고, 그 생태계는 사진이라는 '언어'를 중심으로 새롭게 정렬되었다.

그 무렵 나는 영상을 만드는 일을 하고 있었고 틈틈이 일상과 주변의 이야기를 영상으로 만들고 있었다. 물론 사진을 찍는 것도 좋아하긴 했지만, 나는 영상의 매력에 더 심취해 있었다. 내가 불행했던 이유는 사진과 이미지가 '언어'였던 온라인 시대에 영상은 철저한 '마이너'였기 때문이다.

이를테면 이런 식이다. 영상으로 만든 콘텐츠를 사람들에게 보여주고 싶다. 이 영상을 인터넷 어딘가에 올리고 싶은데 벌써 난관에 봉착한다. 영상을 올릴만한 곳이 없기 때문이다. 그래서 찾아낸 차선책은 당시 별도로 웹사이트를 운영하고 있던 웹서버에 FTP 프로그램을 활용해서 영상을 올리는 것이었다. 나는 그나마 운이 좋은 편이었지만 일반인들은 그것조차 꿈도 꾸지 못했다. 당시 일반인에게 무료로 제공되던 웹서버의 공간이 8~10메가바이트 수준이었으니 그 공간을 가지고 있다 해도 영상 한편 올리기도 버거운 수준이었다. 그렇게 웹서버에 영상을 올렸다 치자. 다음에는 영상의 서버 경로를 파악해 URL을 추출해야 한다. 이렇게 추출한 URL을 복사해서 내가 공유하고 싶은 커뮤니티 페이지의 게시판을 일일이 돌아다닌다. 글쓰기 버튼을 누르고 html 기능을 활성화한 뒤, 그 속에 영상의 플레이어를 삽입하는 태그를 직접 입력해야 한다.

이렇게 하면 비로소 영상을 공유하는 과정이 끝난다. 이렇게 했다고 해서 이 영상이 오랜 시간 동안 아카이브에 남아 사람들에게 공유되는 것은 아니다. 회사의 웹서버라 할지라도 영상 몇 개를 올리면 서버 용량에 문제가 생기기 때문에 얼마 후 내가 공유한 영상은 '삭제'되고 만다.

그뿐 아니라 당시 통상적인 스트리밍 동영상의 경우 4:3 종횡비의 360x240 픽셀 사이즈가 일반적이었다. 사진은 모니터 크기를 가득 메운 고화질로 올라오고 있는데 영상은 가로 360픽셀짜리 침침하고 남루한 화질의 미디어라니. 영상 한 편을 만들기도 쉽지 않을뿐더러 저화질로 인한 열패감까지. 영상을 공유하는 게 이렇게 어렵고 처절해서야 누가 영상을 만들고 싶어 하겠는가?

다시 현재로 돌아와 보자. 미디어 플랫폼은 2002년과 비교하면 극적으로 변화했다. 2002년의 초고속 인터넷은 기가 인터넷으로, 실시간 AR 커뮤니케이션이 가능한 5G가 드디어 상용화를 시작했다. DSLR 카메라에 동영상 촬영 기능이 탑재되었으며, 디지털카메라는 동영상을 찍는 기기가 되어 기존의 핸디캠 시장을 빠르게 잠식해 나갔다. 스마트폰은 저장용량이 점점 늘어나고 동영상 기능이 함께 개선되어 구색 맞추기에 불과했던 동영상 촬영 기능이 스마트폰의 핵심 기능 중 하나로 자리 잡았다. 그리고 마침내 구글을 통해 성공 가능성을 인정받은 동영상 콘텐츠 플랫폼 '유튜브'가 세상에 등장했다.

사진에서 영상으로

상황이 바뀌었다. 더 이상 영상을 촬영하기 위해 고가의 핸디캠을 '별도로' 살 필요가 없어졌다. 사진만 찍던 사람도 동영상까지 찍을 수 있는 카메라를 보유하게 되었고, 메모리 용량까지 넉넉해졌으니 간간이 영상을 찍지 않을 이유가 없다. 영상을 어디에 올릴지 고민할 필요도 없어졌다. 유튜브는 클릭 한두 번만으로 동영상을 서버에 업로드하는 것은 물론이고 공유할 수 있는 링크도 자동으로 생성해 주기 때문이다. 다음 영상을 올리기 위해 이전 영상을 지울 필요도 없다. 한번 올린 영상은 '평생' 공짜로 서버에 쌓아둘 수 있으므로 사람들이 꾸준히 생산할 수 있는 환경이 활짝 열렸다.

2002년의 언어가 '사진'이었다면 2020년의 언어는 단연코 '영상'이다. 이제 누구나 영상을 만들 수 있는 환경이 만들어져 있다. 정보 검색량에서 있어 유튜브 검색량이 네이버와 구글 검색량을 앞선 지 오래다. 유튜브에는 매일 엄청난 분량의 영상이 업로드된다. 스마트폰 스크린 사이즈는 날로 커지고 있으며 영상의 화질은 잡지나 인화 사진보다 더 고화질 디스플레이를 자랑한다. 이 모든 미디어 환경이 마치 사람들에게 '단순히 시청자의 자리에만 머무르지 말고 적극적인 영상 콘텐츠 생산자가 돼라'라고 종용한다는 느낌마저 든다. 그리고 이에 응답이라도 하듯 하루에 66년 분량의 상상하기 힘들 만큼 많은 영상이 매일매일 누군가에 의해 창작되어 업로드되고 있다. 그 창작자가 바로 우리 자신이며, 어제까지 시청자의 자리에 머물러 있던 당신과 내가 하지 않으면 일어날 수 없는 일들을 만들고 있는 것이다.

'들어가며'에서 밝혔듯이 이 책을 쓰는 이유는 그래서 너무나 간단하고 명료하다. 세상 사람 모두가 영상이 언어인 넓은 바다에 함께 다이빙하자는 것이다. 예전에 누군가에게 권력이던 영상을 이제는 세상 사람 모두가 자신의 이야기를 풀어내는 도구로 사용하며 멋지게 파도를 가르며 나아갈 수 있는 세상이 온 것이다.

영상이 언어라면 우리는 영상을 어느 정도 수준까지 배워야 할까? 대답은 간단하다. 바로 '유창하게'다. 언어와 의사소통이라는 측면에서 우리는 대화의 범위를 어디까지 두어야 할까? 매일 아침 길을 가다가 만나는 사람들과 하는 "안녕하세요?", "좋은 아침입니다" 정도의 인사를 대화라고 부를 수 있을까? 우리가 영어를 배워 누군가와 "Hi, How are you? I am fine" 정도만 말할 수 있다면 그것을 과연 진정한 의미의 대화로 볼 수 있냐는 말이다. '진짜 대화'가 성립하기 위해서는 조금 더 깊이 있는 주제를 이야기할 수 있을 정도로 친밀감이 형성되고, 생각과 고민을 '불편함 없이' 이야기할 수 있는 수준이어야 한다. 그래야 그 언어를 유창하게 한다고 정의 내릴 수 있다.

영상도 마찬가지다. 영상을 언어로 규정한 이상 간단히 인사하는 용도로만 사용한다면 의미 있는 대화의 도구로는 낭비에 가깝다. 생각이나 경험, 그리고 철학을 누군가에게 정확하게 전달하려면 영상 편집이라는 언어의 기술을 '유창하게' 사용할 수 있도록 준비해야 한다. 유창성에서 통찰이나 혁신적 사고가 나오기도 한다.

우리가 사는 이 시대는 유튜브를 세계에서 가장 큰 교육 플랫폼으로 만들어 버렸다. 세상에서 배울 수 있는 거의 모든 분야의 기초에서 전문지식까지 튜토리얼로 제공되고 있다고 봐도 무방할 정도다. 영상을 만드는 일도 마찬가지다. 마음먹고 검색하면 인터넷을 통해 당장 배워야 할 분야의 전체 과정이 담긴 튜토리얼을 구해볼 수 있다. 이제는 이보다 더 나은 교육 플랫폼을 얻을 수 없을지도 모른다. 내가 여기서 어떤 영상제작 튜토리얼을 제공한다 한들 그건 과잉된 정보의 바다에 스포이트로 추출한 먹물 하나를 뿌려놓은 것만큼 의미가 없을 수도 있다. 의사소통 도구로써 영상을 편집하는 기술을 배우고 카메라를 조작하는 기술은 이제는 특별한 것이 아닐 때가 곧 올 것이다.

언어로서의 유창함을 배워 나가는 것과 별개로 내가 이 시점에서 가장 중요하게 여기는 것은 유튜브라고 하는 이 시대의 플랫폼에 관해 '알아 가는 것'이다. 그리고 이 초대형 플랫폼에서 단순히 소비자로 남지 않고 자신의 정체성과 삶의 스토리를 알리고 생각과 감정을 표현하는 법을 배운 뒤, 그것에 사람들이 반응하는 과정이 얼마나 의미 있는 것인가를 깨닫게 될 때, 조금 더 중요하고 가치 있는 것들을 발견해 나갈 수 있다고 믿는다. 이렇게 우리는 사람들과의 소통을 통해 자신의 가치를 찾고, 의식적이거나 무의식적으로 그 길을 걸어가고 있다. 인류는 여러 차례 역사 속에서 플랫폼의 변혁을 겪어 왔는데 바야흐로 지금은 유튜브라는 또 다른 플랫폼 변혁의 터널을 지나고 있다.

사실 이런 통찰들은 미래학자나 시장을 분석하고 예측하는 마케터가 아니라 영상제작자가 던져주는 것이 조금 더 어울리는 것 같다. 유튜브는 그 누구도 아닌 바로 영상제작자들이 뛰어다니도록 활짝 열린 공간이기 때문이다. 단순히 영상을 찍고 편집할 수 있는 기능으로만 이해하기에는 유튜브의 영역은 생각보다 많이 복잡하므로 그것보다 조금 더 위로 올라와 큰 숲에 관한 이야기를 나눈다면 꽤 의미 있고 재미있는 접근이 될 수 있지 않을까? 따라서 우리는 언어로서의 영상 편집을 유창하게 하는 것과 더불어, 영상이 언어인 '유튜브 시대'에 대해 더 깊이 알아볼 필요가 있다. 그러면 어떻게 영상을 만들어야 할지에 관한 실마리를 발견해 낼 수 있을 테니 말이다.

아날로그 필름메이커

스마트폰이 가져온 혁명

'영상이 언어'라는 이야기는 내가 〈아날로그 필름메이커〉라는 채널을 처음 시작하면서 일관되게 이야기해오고 있는 주제다. 누구나 영상을 쉽게 촬영하고 쉽게 만들어서, 쉽게 업로드하고 사람들에게 공유할 수 있는 환경은 눈에 띄게 개선되고 강화되고 있기 때문이다. 이런 '소리 없는 혁명'이 이뤄지는 일련의 과정 중, 첫 번째 단계는 '영상을 촬영하는 도구'를 모두가 가지기 시작하는 것에서 출발한다. 말을 하기 위해 우리 몸에는 발성 기관이 있고 인터넷에서 메시지를 주고 받기 위해 키보드와 화면이 있는 것처럼, 영상으로 의사소통을 하기 위해 가장 먼저 필요한 '발성 기관'은 카메라다. 과거에 영상이 특별한 사람들의 특별한 권력이 될 수 있었던 이유는 진입 장벽이 워낙 높았기 때문이다. 수천만 원을 넘나드는 방송용 카메라는 물론이고 가정용 핸디캠도 가격이 만만치 않았다. 그런데 사용처가 뚜렷하지 않은 모호한 장비를 고가에 구매할 이유를 찾기란 쉽지 않았다. 게다가 영상 편집의 경우는 아예 방법조차 알 수가 없었다.

어느 날 새벽 야간작업을 하다가 자주 방문하던 커뮤니티 채널에서 애플 키노트가 생중계 중이라는 소식을 들었다. 졸리기도 하고 뭔가 새로운 자극이 필요했던 나는 모니터 한쪽 구석에 키노트 라이브를 틀어 놓고 하던 일을 간신히 이어가고 있었다. 그러다가 아이폰의 신제품을 소개하는 한 장면에 시선이 멈췄다. 아이폰 뒷면에 세 개의 카메라를 박아놓은 것을 보여주며 이것이 가져다줄 놀라운 혁신에 대해 열변을 토하는 애플 관계자의 모습이었다. 문득

'아이폰으로 대변되는 이 시대의 스마트폰의 혁신이란 대체 무엇일까?'라는 생각이 들었다. 기계적 성능의 개선, 디스플레이, 외형 디자인의 변화 등 많은 것이 있지만, 스마트폰 사업자들이 자신들의 스마트폰이 '얼마나 강력한 카메라 기기가 되어 가고 있는지'를 힘껏 설명하고 있는 것처럼 보였기 때문이다. 나는 아이폰이 처음 우리나라에 상륙했던 그해부터 아이폰을 쭉 사용해 왔다. 그때 아이폰은 전면 카메라가 없고 후면에 좁쌀보다 작은 점 하나가 찍혀 있었는데 그게 다름 아닌 카메라였다. 2년에 한 번씩 리뉴얼된 아이폰이 나오면서 지금에 이르기까지 가장 혁신적인 변화를 주도해 오는 건 카메라의 변화가 아닐까 하는 생각이 들 만큼 사진과 영상 촬영 기능이 놀랍도록 개선됐다.

아이폰뿐 아니다. 다른 브랜드의 스마트폰 역시 비약적인 카메라 성능의 발전을 이루었다. 성능의 발전이 일정한 방향과 철학으로 수렴되는 모양새다. 그것은 우리가 일반적으로 생각하는 '카메라'가 가져다주는 감성을 디지털 방식으로 구현해 내려고 한다는 것이다. 처음에는 밝고 뚜렷한 화질이 우선이었다. 작은 센서를 통해 셔터 스피드를 떨어뜨리고 과도하게 샤픈Sharpen 효과를 주며 보정을 하는 방식으로 화질을 개선해 나갔다. 이런 기술적 진보의 과정을 거쳐 얼마 후 보다 화사한 색깔을 입히는 것과 전체적인 이미지의 밸런스를 잡아내는 것을 구현해 냈고, 급기야 '아웃포커싱'도 광학적인 방식이 아닌 디지털 보정 방식으로 이뤄냈다. 그뿐 아니라 화면의 손 떨림 보정, HDR 사진, 사람들의 움직임을 슬로비디오로

잡아내는 고속촬영, 타임랩스 등 웬만한 디지털카메라가 만들어 낼 수 있는 다양한 방식의 촬영기법을 스마트폰 카메라로 구현해 낼 수 있도록 했다.

여기에 그치지 않는다. 예측 가능한 수준의 변화들이 수두룩하게 대기 중이다. 얼마 안 가 실시간으로 아웃포커싱된 동영상 촬영이 가능해질 것이다(삼성 갤럭시폰은 초보 수준이지만 이미 가능한 상태다). 그렇게 된다면 스마트폰 카메라가 넘지 못했던 '단편 영화 시장'도 스마트폰을 통해 활짝 열릴 것이다. 360도 카메라 장착도 수년 내에 가능할 것이다. 놀랍지 않은가? 지금까지의 변화의 방향과 속도라면 누구라도 이런 식의 변화를 예측할 수 있다.

영상촬영 기기로 스마트폰이 좋은 이유에는 여러 가지가 있다. 우선 심리적으로 느껴지는 상대적으로 저렴한 가격이다. 스마트폰을 샀을 뿐인데 미러리스 카메라를 한 대 사은품으로 받은 느낌 정도가 아닐까? 그리고 다른 카메라 장비와 비교해도 월등히 뛰어난 배터리 성능이다. 외장 배터리가 있으면 거의 온종일 촬영이 가능하다. 마지막으로 가장 중요한 것, 이 카메라는 늘 내 손안에 있다는 것이다. 스마트폰을 들고 다니는 것이지만 늘 카메라를 들고 다니는 효과와 같은 셈이다. 이것은 지속 가능한 콘텐츠를 생산해 내는 동기를 부여한다는 점에서 지금껏 열거했던 다른 어떤 것보다도 강력한 장점이다.

애플과 삼성 등 스마트폰 제조사뿐 아니라 구글 같은 초거대 IT 회사들은 '영상이 언어'라는 사실을 쉴새 없이 소비자들에게 각인

시키는 중이다. 별 의미 없이 찍어놓은 영상들을 모아서 정기적으로 완성된 한편의 영상으로 만들어 소비자에게 선물한다. 가끔 휴대폰에서 혹은 구글포토 등의 클라우드 서비스가 내가 찍은 영상으로 만든 비디오가 제작되었다며 알림을 보내는데, 가끔 보고 있으면 솔직히 어떨 때는 감동적이기까지 하다. 스마트폰 카메라와 AI가 서로 결합하여 콘텐츠를 생산해 내는 서비스를 통해 영상은 우리의 일상 전반에 생각보다 깊숙이 들어와 있다.

이렇게 AI가 만들어 주는 영상으로 끝이 아니다. 창작이라는 본능을 가지고 있는 인류는 이미 스마트폰 카메라로 아직 편집되지 않은 수많은 콘텐츠를 영상기기에 저장해둔 상태이고, 바로 그 스마트폰을 이용해 필연적으로 영상 편집을 시도하게 된다. 수많은 영상 편집 앱을 설치하여 스마트폰으로 영상 편집을 시도해 볼 수 있다. 그게 곧 시시해진다면 '루마퓨전'같은 앱을 이용해 휴대폰과 태블릿을 이용해 고퀄리티 영상을 만들어 낼 수도 있다. 영상을 촬영하고 제작하고 공유하고 시청하고 피드백을 청취하는 모든 과정이 놀랍게도 작은 스마트폰 하나에서 이루어진다.

인류 역사상 가장 강력한 영상 플랫폼인 유튜브와 가장 강력한 카메라이자 편집 도구인 스마트폰이 결합한 지금 세대는 강력하게 권유한다. 주어진 플랫폼에 걸맞은 언어를 배우고, 지금 당장 사람들과 소통하라고.

유튜브 채널 운영과 퍼스널 브랜딩

지난여름 어느 대학의 실용음악과 학생 전체를 대상으로 유튜브에 관한 특강을 한 적이 있었다. 강의 주제는 '영상제작자의 관점에서 본 유튜브의 음악 콘텐츠와 퍼스널 브랜딩'이었다. 특강을 의뢰받을 때 담당 교수가 전달한 아주 짧고 명료한 요청사항이 있었다.

'저희 학생들도 그렇고 교수님들도 음악만 할 줄 아는 분들이라 유튜브에 대해서 잘 모르세요. 학생들도 막상 음악뿐 아니라 영상도 해야 한다고 하니 낯설어하는 건 마찬가지이고요. 유튜브가 중요한 건 알겠어요. 그런데 학생들에게 유튜브가 뭐고 왜 중요한지 알려 주셨으면 좋겠어요.'

이 이야기는 단순히 실용음악과 학생들에게만 해당하는 것이 아니다. 앞에서도 언급했듯이 영상을 만든다는 것은 이제 누군가에게만 허락된 영역의 일이거나 더는 특별한 기술이 아니기 때문이다. 영상제작자로서 지난 몇 년간, 유튜브에 대해 경험하고, 사람들을 만나보고 실제로 유튜브의 콘텐츠를 제작하다 보니 유튜브는 영상을 공유하는 플랫폼 이상의 것이었다. 유튜브 채널 운영은 차라리 큰 틀에서 '퍼스널 브랜딩'에 가까운 작업이었다.

콘텐츠를 제공하는 공급자와 소비자들 사이에는 언제나 유통자가 있었다. 흔히 생각하기를 콘텐츠를 생산하는 쪽이 소위 말하는 '갑'인 것 같지만 조금만 생각해 보면 진정한 '갑'은 그 문을 지키고 있는 문지기, 즉 '플랫폼 운영자'라는 사실을 알 수 있다.

문 앞에 서서 '콘텐츠 제작자, 너 들어가'라고 하면 선택된 콘텐츠 제작자만 문을 통과하여 소비자들에게 나아갈 수 있기 때문이다. 우연히 문지기의 자리에 있던 사람은 뜻하지 않게 큰 권력을 쥐게 되는 것이다. 과거 수십 년간 이 세상을 지탱해 오던 미디어 플랫폼이 바로 이렇게 좁은 문을 지키고 있는 문지기의 세상이었다고 해도 과언이 아니다.

음악을 예로 들어보자. 과거에는 소비자가 음악 콘텐츠를 소비하려면 TV나 라디오를 통해야만 했다. 기본적으로 매우 좁은 문을 사이로 두고 많은 콘텐츠 제작자와 많은 소비자가 몰려 있는 구조다. 소비자는 문지기가 열어주는 순서대로만 음악 콘텐츠를 소비할 수 있었다. 이 구조는 필연적으로 반대편에 선 콘텐츠 제작자들의 치열한 경쟁을 전제로 한다. 좁은 문 안으로 들어가기 위해 수많은 콘텐츠 제작자가 경쟁하고, 경쟁 속에서 살아남은 자들이 문지기에 의해 '픽업'되어 문을 통과할 수 있었다.

유튜브는 어떠한가? 과거와 마찬가지로 여전히 셀 수 없이 많은 소비자가 존재한다. 반대편에는 또 그만큼 많은 콘텐츠 생산자들이 존재한다. 그곳에는 문을 지키고 있는 문지기가 보이지 않는다. 유튜브에는 수십, 수백 개의 문이 존재한다. 문지기가 없는 문들은 안에서도 열리고 밖에서도 열린다. 소비자도 생산자도 자유롭게 문을 열고 드나들 수 있다. 물론 다른 사람이 만들어 놓은 콘텐츠를 목적에 따라 분류하고 배포하는 간단한 큐레이션은 존재한다. 경쟁이 아예 없는 것은 아니다. 그러나 유튜브 안에서 벌어지는 경쟁은 사실 우리 인생 곳곳에 언제나 존재하는 수준의 경쟁이다. 유튜브에서 어떤 유명한 사람이 채널을 열었다고 해서 더 많은 기능을 제공하지는 않는다. 모두가 똑같은 규정과 정책에 근거하여 같은 프로세스로 콘텐츠를 공유할 수 있을 뿐이다.

인류가 만들어 낸 가장 공평한 플랫폼

TV와 라디오로 대변되는 올드 미디어와 유튜브로 대표되는 뉴미디어의 궁극적인 차이는 '시간'과 '데이터'의 차이라고 할 수 있다. 즉, 올드 미디어는 시간을 기반으로, 뉴미디어는 데이터를 기반으로 콘텐츠를 공유한다.

과거 TV와 라디오를 즐겨 보고 듣던 어린 시절로 되돌아가 보자. 40대 이상은 신문에 있는 TV 편성표를 통해 그날의 프로그램 정보를 받았을 것이다. 20대와 30대는 네이버 같은 대형 포탈의 TV 편성표를 검색했을 수도 있다. 어떻게 봤건 그 편성표는 당일 24시간의 정보를 기반으로 만들어졌다. 24시간 음악 방송 채널이라고 해보자. 이 채널이 아무리 유명하고, 아무리 유능한 제작진들이 모여 있다 한들 하루 27시간을 방송할 수 없다. 이들에게 주어진 시간의 최대치는 하루 24시간이다. 따라서 콘텐츠 제작자들의 경쟁은 이 지점에서 시작된다. 자신들이 원하는 5분짜리 음악이 있다면 그것을 편성표 안에 끼워 넣기 위해 온갖 노력을 해야만 한다. 내 콘텐츠 5분을 편성표에 끼워 넣으려면 누군가의 콘텐츠를 빼야 하므로 경쟁은 엄청나게 치열할 수밖에 없다. 이 얼마나 살벌한 게임인가? 그나마 각각의 콘텐츠가 편성표에 들어가는 기준이 명확하다면 내 콘텐츠의 '탈락'을 이해라도 해볼 수 있겠으나, 이 기준이 명확할 리 없다. 문지기인 라디오 PD나 방송국장이 자신의 취향과 기분에 따라 기준을 수시로 바꿀 수 있기 때문이다. 그러니 수준 높은 양질의 콘텐츠들만이 편성표 안으로 들어가리라는 보장이 없다. 그로 인해 여러 가지 비본질적인 영업력과 마케팅, 로비가 이 판에 가득하게 된다.

이렇게 피 튀기는 경쟁의 반대편에는 소비자가 있다. 소비자는 이런 경쟁의 내막은 까맣게 모른 채 라디오에서 흘러나오는 음악을 들으며 일방적으로 콘텐츠를 소비할 수밖에 없다. 그런데 소비자라고 해서 의사 표현을 아예 할 수 없는 것은 아니다. 사연을 담은 엽서와 함께 신청곡을 보내서 '의사 표현'을 할 수 있다. 하지만 말이 좋아 사연과 신청곡이지 플랫폼 유통이라는 관점에서는 일종의 '읍소'와 다르지 않다. 당시 여의도의 MBC 사옥에서는 '별밤 예쁜 엽서전'이 해마다 성대하게 열렸는데, 형형색색 예쁘고 화려한 시청자 엽서들이 건물 복도나 전시관에 가득했다. 그 엽서들을 지켜보고 있노라면 과거 조선 시대 백성들의 하소연이 담긴 거대한 상소문이 떠오른다. 자신의 사연과 신청곡이 채택되어 단 한 줄 라디오 전파를 타는 것이 청취자들에게는 영광이고 감격이었다.

이런 상소문을 쓰지 않는 조금 더 적극적인 소비자는 '첨단 장비'를 이용했다. 라디오 데크 안에 내용이 비어 있는 공테이프를 넣어놓고 자신이 원하는 음악이 나올 때를 기다리다가, 음악이 나오면

　　　　　　　　　　　아날로그 필름메이커

재빨리 '레코드' 버튼을 눌러 음악을 녹음했다. 이렇게 앞뒷면 12곡 정도 음악을 녹음하면 '자신만의' 카세트테이프가 하나 만들어졌다. 이렇게 되면 플랫폼 운영자의 필터링 없이 본인이 원할 때 원하는 콘텐츠를 '한동안' 소비할 수 있게 된다. 그나마 이 정도가 적극적인 콘텐츠 소비자의 모습이었다. 한 걸음 더 나아간, 가장 적극적인 의사 표현은 자신들이 직접 원하는 가수의 음반을 구매하는 것이었다. 문제는 이런 플랫폼은 소비자와 콘텐츠 제작자 모두가 열패감을 느끼게 하는 구조라는 것이다. 콘텐츠 제작자에게는 실력만으로는 이 판에 들어갈 수 없다고 느끼게 하고, 소비자는 콘텐츠에 대한 만성적인 갈증 상태에 빠져 버리게 만들기 때문이다.

이에 비해 유튜브는 어떤가? 유튜브는 시간이 아닌 '데이터'를 기반으로 하는 플랫폼이다. 변화된 플랫폼인 유튜브에서 가장 주목할만한 점은 시간을 기반으로 한 편성표와 더불어 그 과정에서 필연적으로 벌어지는 '내가 살려면 남을 죽여야 하는 식'의 경쟁도 사라졌다는 것이다. 나의 5분과 너의 5분이 양립할 수 있는 플랫폼이 바로 유튜브이다. 모두가 똑같은 환경에서 자신의 콘텐츠를 유통할 수 있는 환경이 열렸다. 그로 인해 새로운 차원의 경쟁이 시작된다 (앞서 말했듯 경쟁은 늘 존재했다. 경쟁 없는 사회는 신기루다).

유튜브의 경쟁은 '확 바뀐 소비자들'의 눈에 들려는 경쟁이다. 뉴미디어 플랫폼의 소비자는 더 이상 올드 미디어의 수동적 소비자가 아니다. 이들에게는 무한한 선택의 기회가 열려 있다. 이제 소비자들이 직면한 유일한 문제는 아이러니하게도 '소비할 콘텐츠들이 너무 많다'라는 사실이다. 이제는 '시간'이 소비자들의 문제가 되어서 소비자들은 '제한된 시간 안에' 소비할 만한 콘텐츠들을 찾아다니기 시작한다.

과거의 올드 미디어 시청자들은 자신의 취향과 다소 맞지 않거나 조금 지루하더라도 별수 없이 콘텐츠를 소비해야만 했다. 다른 대안이 없었기 때문이다. 뉴미디어 시청자들은 어떠한가? 이들은 지루하거나 자신의 취향과 맞지 않는 콘텐츠를 소비해야 할 그 어떤 동기와 이유가 없다. 유튜브 세상에는 이미 자신의 취향에 맞고 재미가 가득한 콘텐츠가 넘쳐나고 있기 때문이다. 자신의 취향에 맞지 않는 콘텐츠에는 기회를 주지 않는 게 뉴미디어 시청자들의 가장 큰 특징이다. 이제 소비자들은 매우 적극적인 의사 표현이 가능한 시청자로 바뀌었다. 뉴미디어 시청자들은 '스킵하기'로 의사 표현을 하기도 한다.

좋은 콘텐츠는 발견된다

누군가가 유튜브는 레드오션이라고 이야기해 유튜브가 뜨겁게 달아올랐던 적이 있다. 각계각층의 다양한 기업과 사람들이 내게 유튜브에 대해 물어왔다. 나는 지난 1년간 수많은 기업과 개인의 유튜브 컨설팅을 해왔고 현장에서 느낀 수요는 놀라우리만치 뜨거웠다. 그들과 만나면서 몇 가지 공통점을 깨달았다. 특히 개인적으로 유튜브 콘텐츠 제작을 원해서 연락을 해 오는 경우는 공통점이 분명했다. 대부

아날로그 필름메이커

분이 해당 분야의 전문가라는 점이었다. 변호사, 의사, 저널리스트, 미용사 등 자신의 고유한 분야가 있고 그 분야의 이야기를 유튜브 영상으로 만들고 싶지만, 제작 능력이 없어서 전문 제작자들에게 의뢰하고 싶어 했다.

그들과 만나서 실패의 경험을 들어보면 대부분 같은 패턴이었다. 처음에는 매우 왕성한 열의를 가지고 채널 런칭에 대한 의욕을 불태운다. 이미 동종의 다른 유튜버들의 콘텐츠를 많이 시청해 왔고 콘텐츠들에 대한 각자의 판단 기준이 있다. 그리고 열심히 해서 곧 그들처럼 크게 성장할 수 있으리라 기대한다. 그렇게 큰 그림들을 그리고 실제로 제작을 시작하고 한두 달이 지나면 생각보다 낮은 조회수와 시청자들의 저조한 반응 때문에 빠르게 제작 동력을 소진하게 된다. 그리고는 몇 달 후, 아예 제작을 중단하거나 유튜브 운영을 포기하는 경우가 경험상 70% 가까이에 이른다. 왜 이들은 중도에 포기하는 걸까? 영상의 내용과 완성도도 나쁘지 않은데 왜 이들의 콘텐츠는 외면당하는 걸까?

여러 가지 요인이 있으나 나는 그 이유를 두 가지에서 찾아본다. 우선 초대형 유튜버들은 그 분야에서 매우 능력 있는 사람이기도 하지만 그만큼 부지런한 사람이다. 신생 유튜버로서 나의 시선과 목표가 그들을 향해 있다면 적어도 그들만큼, 아니 그들보다는 부지런해야 한다. 세상에는 정말 똑똑하고 잘난 사람이 많다. 그런데 동시에 부지런한 사람, 더군다나 '꾸준하고 부지런한 사람'은 사실 많지 않다. 부지런한 것만큼 재미없고 지루한 일은 없기 때문이다.

사실 유튜브 콘텐츠 제작자로 성공하려면 누구보다 부지런해야 한다. 대다수의 신생 유튜버들이 중도에 포기하는 이유는 그들이 제작한 처음의 몇몇 콘텐츠가 생각보다 적절한 보상을 주지 않기 때문이다. 수만 회의 조회수, 갑자기 상승하는 구독자. 이렇게 시청자들이 화답해 주면 얼마나 좋을까? 하지만 이런 일은 유튜브 세계에서 좀처럼 일어나지 않는다. 아니 이런 성공을 추천하지도 않는다.

유튜브 채널 성장의 제1원칙은 '부지런하고 꾸준히 6개월 이상 지속해서 콘텐츠를 제작해서 업로드하는 것'이다. 그게 좀처럼 쉽지 않다. 아무 반응도 없는 채널, 아무 반응 없는 콘텐츠를 몇 달 동안 수십 편을 제작해 올린다는 것 말이다. 그걸 이겨내지 못하면 채널을 성공시킬 가능성조차 생기지 않는다. 내가 지켜본 성장하는 유튜브 채널은 이렇게 포기하지 않는 성실함이 전제되었을 때, 6개월이 지난 어느 순간 예외 없이 폭발적으로 성장했다.

유튜브에서는 그 어떤 것보다 양질의 콘텐츠를 꾸준히 만들어 업로드하는 것이 중요하다. 물론 이것이 굉장히 어려운 일인 것은 사실이다. 이런 과정을 버티고 버텨 원하는 성과를 얻기 역시 절대 쉽지 않다. 이 단계에서 나는 내가 믿는 '진리'를 떠 올려 보고 싶다. 그것은 다음과 같다.

'좋은 콘텐츠는 반드시 발견되고 확산된다.'

물론 유해하고 자극적인 콘텐츠의 확산력도 크다. 하지만 그런 콘텐츠는 혐오와 분노 혹은 경멸을 불러일으키기 마련이다. 콘텐츠를 소비하고 난 뒤 얻게 되는 긍정적인 카타르시스도 없고, 계속

해서 콘텐츠를 생산해 낼 동력도 생기기 힘들다. 비록 많은 사람에게 확산될지언정 제작자가 지속적인 자부심을 가질 수 있는 창작활동은 아니다. '좋은 콘텐츠'는 느리게 확산된다고 생각할 수 있겠지만, 사람들의 마음을 움직이고 제작자에겐 측정 불가능한 자부심과 동기부여를 함께 제공한다.

또 좋은 콘텐츠는 언젠가 발견된다. 감추어진 보물과도 같아서 사람들이 지나가다 보면 누군가는 발견하게 되고 결국은 많은 사람에게 확산된다. 당신이 만든 콘텐츠가 아직도 조회수 10 언저리에 머물러 한숨 나오는 상황일 수도 있다. 하지만 정말 중요한 것은 콘텐츠의 조회수가 아니라 '좋은 콘텐츠를 만들었냐'에 있다. 내가 만든 영상이 좋은 콘텐츠라고 스스로 그리고 주변의 사람들이 인정한다면 그 콘텐츠는 언젠가 분명히 발견되어 빛을 발하게 될 것이다.

나의 강점이 최고의 콘텐츠

양질의 콘텐츠를 만들면서도 실패하거나 포기하는 경우를 보며 느낀 두 번째 생각은, 유튜브는 '퍼스널 브랜딩'의 공간이라는 것이다. 즉, '나 자신'의 이야기를 하는 공간인데 대다수의 초보 유튜버들이 그것을 인식하지 못하고 있다.

내가 만난 사람 중에 아직도 기억에서 지워지지 않는 한 사람이 있다. 첫인상부터 매우 특이했다. 단아하고 차분한 성격의 30대 후반 여성이었는데 자신은 할 줄 아는 게 아무것도 없다고 말했다. 유튜브는 꼭 해보고 싶어 나에게 연락하게 되었다고 해서 나는 우선 그분에게 무엇을 좋아하는지 물었다. 개인적으로 좋아하는 일에서 주제를 찾는 것이 가장 좋은 방법이기 때문이다.

"글쎄요. 영화 보는 것도 좋아하고, 강아지도 좋아하고요…."

특별히 좋아하는 게 없는 것 같다. 그래서 무슨 주제를 가지고 유튜브를 시작하고 싶은지 물어봤다.

"저는 전자기기 리뷰를 해보고 싶어요. 영화 리뷰도 해보고 싶고요. 전자기기 리뷰하려고 삼각대도 이미 다 사 놨어요."

전자기기 리뷰? 갑자기 궁금해졌다. 왜 그녀의 입에서 전자기기 리뷰라는 말이 나왔는지. 이유는 간단했다. 주변 사람들이 전자기기를 리뷰하는 콘텐츠가 수요가 많고 빠르게 성장할 수 있는 콘텐츠라고 했기 때문에 그 조언에 수긍한 것이다. 하지만 이것은 그리 좋은 선택이 아니다. 유튜브 콘텐츠를 만드는 일은 때에 따라서는 꽤 강도 높은 스트레스를 동반하기도 한다. 좋아하는 주제를 가지고도 매번 스트레스를 받을 수 있는데 잘 모르는 분야의 영상을 준비해서 만들겠다고? 있을 수 없는 일이었다. 나는 조금 더 솔직한 이야기를 나누고 싶어 이야기를 더 들어 봤다.

"저는 사실 공황장애가 있고, 그래서 수시로 병원에 실려 가고, 직업으로 하던 일에 문제가 생겨서 지금 소송과 재판 때문에 극도로 스트레스를 받고 있어요. 뭐라도 해야 하는데 마음을 붙이기도 힘들고, 주변에서는 그래서 유튜브를 하라고 해서 하고는 싶은데, 사실 잘 모르겠어요."

그 이야기를 듣고 내가 최종적으로 했던 조언은 생각보다 간단했다. 지금 한 이야기를 콘텐츠로 만들어보자는 것이었다. 진짜 나 자신의 이야기가 유튜브라는 플랫폼에 가장 적합하다고 믿고 있었기에 어렵게 그분을 설득했고, 다음 주에 그녀가 집에 이미 만들어 놓은 소형 스튜디오에 휴대폰을 설치하고 진행할 첫 녹화 현장에 내가 다시 함께 해 주기로 했다. 일주일 후, 그분은 작은 손편지 같은 것을 준비해 왔다. 오늘은 이걸 그냥 읽는 것으로 콘텐츠를 대신하겠다고 했다. 전혀 문제 될 것이 없었다. 나는 카메라 뒤에 앉고 그녀는 내 맞은편 카메라 앞에 앉아 떨리는 마음을 진정시키고 글을 읽어 내려가기 시작했다.

"안녕하세요. 저는 음악을 좋아하고, 가만히 생각하는 것도 좋아하는 평범한, 아주 평범한 여성입니다. 사실 공황장애도 있고, 사람들이 두렵고, 무언가를 해보고 싶다는 것이 힘들고, 그래서 무기력하고 주저앉게 되고, 그런 사람입니다. 유튜브요? 이건 나에게 작은 도전이라고 생각해요. 나도 자라고 싶고, 더 성장하고 싶고, 그래서 이 과정들을 여러분께 보여 드리고 싶어요."

나는 그녀의 차분하고 침착하면서도 한편으로 매우 떨리는 목소리로 읽은 손편지의 전반부를 듣고 너무나 깜짝 놀랐다. 근래에 보고 들은 장면 중 가장 매력적이었기 때문이었다. 그녀는 다소 상기된 표정으로 형편없어 보일지 모를 자신에 관한 이야기를 풀어놓고 있었다. 하지만 역설적이게도 그 모습은 누구보다 아름다웠다. 대체 그 순간 왜 내 마음이 움직였을까? 그 이유는 그녀가 자기 자신,

'진짜 나'에 관한 이야기를 하기 때문이었다. 나는 유튜브가 가지고 있는 최고의 진가는 나 자신의 모습, 내 진짜 모습을 보여줄 때 발휘된다고 믿는다.

이 부분을 좀 더 깊이 이야기하기 위해 다시 올드 미디어에 관한 이야기를 꺼내야겠다. 앞서 올드 미디어는 시간에 기반하고 뉴미디어는 데이터에 기반한 플랫폼이라고 이야기했다. 이 분명한 차이는 우리가 콘텐츠를 대하고 영상을 제작하는 자세부터 새롭게 만든다. 어떤 주제에 관한 이야기를 한다고 하면 올드 미디어는 주어진 시간 안에 그 주제를 마무리 지어야 하지만, 뉴미디어나 유튜브는 제작자의 힘닿는 대로 몇 시간이고 이야기를 끌고 갈 수 있다. 유튜브는 시간에 구속된 플랫폼이 아니기 때문이다.

올드 미디어 콘텐츠 제작자들은 무엇보다 시간을 잘 지키는 콘텐츠를 만들도록 교육받는다. 한 시간 단위로 프로그램이 편성되고 앞뒤로 붙는 광고와 채널 아이디(방송사 로고와 방송사를 알리는 음악·멘트가 나오는 영상) 등의 시간을 뺀 45분이 정규 프로그램의 평균 러닝타임이다. 올드 미디어에서는 그 어떤 것보다 이 규칙을 지키는 것이 중요하다. 45분보다 모자란 영상을 만들면 비어 있는 시간을 편성팀에서 다른 요소로 채워야 한다. 45분을 넘기면 몇몇 요소를 컷아웃 해야 한다. 편성 단계에서 매우 번거로운 일들이 벌어지기 때문에 45분이라는 규칙은 제작 구성원들 사이에서 철저하게 지키도록 되어 있다.

이런 구체적이고 실제적인 제약 앞에서 프로듀서들은 결국 '대본'을 만들게 되었다. 대본은 프로그램의 시작부터 끝까지를 아우르는 완벽한 프로그램 한 편을 글로 적어 놓은 것과도 같다. TV 프로그램 중 대본이 없는 프로그램은 몇 퍼센트나 될까? 대답은 0퍼센트다. TV는 철저하게 대본으로 시작해서 대본으로 끝나고 대본으로 움직이는 곳이다. 대본 없이 만들어지는 프로그램은 상상하기도 끔찍하다. 한 번 생각해 보자. 카메라 녹화 버튼을 누르고 출연자들에게 "어디 한번 놀아 보세요"라고 한다면 그때부터 그야말로 난장판이 벌어질 것이다. 45분 분량을 채우지도 못하는 대참사가 벌어질 것이 뻔하다. 재녹화를 하겠다고? 주 1회 콘텐츠를 제작해야 하는 분주하고 빡빡한 제작 구조상 재녹화는 있을 수가 없다. 그러니 방송국은 대본이라는 편리하고 간편한 무기를 들고나올 수밖에 없다. 심지어는 출연자 각각의 리액션까지도 대본 안에 꼼꼼하게 체크되어 있는 경우도 있다.

이런 올드 미디어의 제작 환경을 보면서 우리는 어떤 철학적 반성을 할 수 있을까? TV에는 진실이 없다. 철저하게 나 자신이 아닌 삶, 내가 아닌 누군가의 모습으로 살아가는 곳이 바로 올드 미디어다. 재미없어도 크게 웃어주어야 하고 원래는 이런 사람인데 저런 사람인 것처럼 행동해야 한다.

뉴미디어인 유튜브는 어떨까? 유튜브는 정확하게 반대 지점에 서 있는 플랫폼이다. 유튜브에는 매일매일 개인이 감당할 수 없을 만큼 어마어마한 분량의 콘텐츠들이 올라온다. 이런 콘텐츠 과잉의 플랫폼에서 누구인 척, 알고 있는 척, 재미있는 척, 똑똑한 척, 멍청한 척하는 영상에 시청자가 시간을 허비할 아무런 이유가 없다. 가장 매력적인 콘텐츠는 진짜 이야기를 하는 콘텐츠다. 누군가의 진짜 모습, 누군가의 진짜 이야기, 그것이야말로 유튜브가 원하는 최고의 콘텐츠다. 유튜브 시청자는 능동적으로 콘텐츠를 선택하기 때문에 진심을 이야기하는지 거짓을 이야기하는지 본능적으로 알아차린다.

공황장애를 앓고 있는 그녀가 생글생글 웃으면서 갤럭시 노트의 신제품을 리뷰한다 한들 그것이 사람들의 마음을 움직일 수 있을까? 영화를 진짜 좋아하지도 않으면서 네이버 블로그에 있는 누군가의 영화 리뷰를 긁어다가 그걸 내가 생각한 것처럼 읽으면 사람들이 눈치채지 못할까? 잘 모르면 모른다고, 잘 알면 잘 안다고 이야기해야 하는 곳, 그곳이 바로 유튜브다. 적어도 내 이야기일 때 사람들에게 시청해야 할 최소한의 이유가 생긴다.

인사이트텔러가 온다

어느 보수적인 법률 단체에서 유튜브 제작과 관련한 기획 회의에 나를 초대했다. 그들은 다른 기업들이 그러하듯 유튜브의 중요성을 인식하고 뭔가를 해야겠지만 어떻게 시작할지 몰라 큰 틀에서의 솔루션이 필요했다. 나는 그날 몇 개의 유튜브 영상을 준비해서 프레젠테이션을 진행했는데, 가장 처음 보여준 영상에서 아주 근엄한 자세로 앉아 법률상담을 하는 변호사의 모습이 등장했다.

아날로그 필름메이커

"재미없죠?"

나의 한마디에 일순간 폭소가 터졌다. 영상 속의 변호사가 보여준 알 수 없는 근엄함. 유튜브 시청자들은 이런 피상적인 가면무도회를 정면으로 비웃는다. 첫 영상 4, 5초 만에 재미없는 콘텐츠로 낙인찍고 '스킵'해 버린다. 한번 재미없는 콘텐츠로 찍히면 다시 회생하기 결코 쉽지 않다. 근엄한 이 변호사가 사실은 지하철에선 쩍벌남인 데다가 동료 변호사들과 있을 때는 걸걸한 입담을 보이고 의뢰인과 수시로 언성을 높이는 '꼴통 변호사'일지도 모른다.

그런데 어쩌란 말인가? 그 모습이 차라리 뉴미디어 시청자들에게는 더 매력적일 텐데. 심리학 교양 수업 첫 시간에 언제나 등장하는 '폭로의 기술'의 신비는 유튜브에서 여전히 유효하다. 사람들에게 잘 보이기 위해서 가면을 쓰고 있는 것보다 자신이 어떤 사람인지 껍질을 벗을 때, 역설적으로 더 친밀감을 만들어 낼 수 있다. 지금 당장 그 근엄한 변호사를 위해 할 수 있는 조언은 화면 옆에 그와 친한 동료 변호사 한 명만 앉혀 놓으라는 것이다. 그들이 평소 카메라 밖에서 하던 농담들을 카메라 앞에서 시작하면 당장 화면 안에서 생기가 넘쳐날 것이다.

몇몇 사람들은 '신뢰라는 것'이 더 많은 정보를 전하는 근엄한 태도의 메신저에서 비롯된다고 착각한다. 꼭 그렇지는 않다. 그 사람의 진짜 모습 그대로를 보여주었을 때 사람들은 오히려 친근감을 가지게 되고 그 사람의 생각이 궁금해지게 되는 것이다. 유튜브에는 이미 너무나 많은 인포메이션텔러Information teller가 넘쳐나고 있

다. 그러나 최근 주목받기 시작하는 것은 인사이트텔러Insight teller
다. 즉, 시청자는 단순히 나열되는 지식정보를 전달받고 싶은 것이
아니라 그 사람이 가지고 있는 고유한 통찰력과 영감을 듣고 싶어
한다.

요즘 나 자신에게 꽤 자주 하는 질문이 있다. "나는 진짜 행복한
영상제작자일까?"라는 질문이다. 그때마다 나의 대답은 '그럭저럭
대체로 행복한 편'이다. 내가 하고 싶은 일을 직업으로 삼고 꾸준
히 그 일을 할 수 있기 때문이다. 영상이 직업이자 취미인지라 영상
장비 같은 걸 아내에게 생일 선물로 받는 풍경도 벌어지곤 한다. 그
런데 영상제작자의 길을 가겠다고 결심한 순간부터 지금에 이르기
까지 여전히 내 마음속에 자리 잡은 실현되지 않은 꿈이 있다. 내가
만드는 영상의 스타일에 반해 내 세계관과 가치관을 좋아하는 사람
들과 기업들이 몰려와서 영상을 만들어 달라고 부탁하고, 내가 하
기 싫은 것 말고 오직 내가 즐거워하는, 내가 추구하는 스타일의 영
상으로 충분히 영향력을 가지고 싶은 꿈이다.

대부분 영상제작자나 영상제작지망생, 취미로라도 영상에 관심
을 가지기 시작한 이들 모두 한 번쯤은 이런 꿈을 꾸는 것 같다. 휴
대폰 메시지 앱의 친구 목록을 훑어보다가 가끔 영상제작을 갓 시
작한 후배들의 카카오톡 프로필 사진을 보고 멈칫할 때가 있다. 몇
몇은 'xxx 스튜디오', 'xxx 엔터테인먼트' 식의 이름과 로고가 들
어가 있고 과도하게 번쩍거리는 이미지를 프로필로 등록해 놓았다.
이제 기껏 영상을 시작해 볼까 고민하기 시작한, 사실은 아무것도

아날로그 필름메이커

준비된 게 없는 친구들의 프로필 이미지치고는 너무 거창하다. 이게 우스웠던 진짜 이유는 불과 십몇 년 전에 나도 그들과 별반 다르지 않았기 때문이다. 아무것도 준비되지 않고 아무것도 만들어진 게 없지만, 지금 들으면 손발이 오그라들 정도로 진지한 스튜디오 이름과 로고를 미니홈피나 개인 계정 사이트의 대문 화면으로 걸어 놓았던 것이다. 그때나 지금이나 그 친구들이나 나나 변하지 않고 품고 있는 것. 그것이 바로 내가 말한 욕망의 표출이라고 생각한다. 자신의 브랜드, 자신의 스타일, 그래서 어떤 것보다 먼저 자신을 대표해 보이고 싶은 이미지를 만들어 자신을 정의하고 싶어지는 것 말이다.

시간이 흘러 지금에 와서 보면 그런 꿈을 이루는 것이 결코 쉬운 일은 아니었다. 여러 이유가 있겠으나 우선 나만의 스타일을 발견하고 개발해나갈 능력도 없었을뿐더러, 무엇보다 그걸 사람들에게 알릴 기회도 없었다. 그뿐인가? 지금 당장 영상제작자가 되기로 했다고 치자. 어찌 됐건 가장 먼저 해야 할 것은 생계를 위해 내가 당장 할 수 있는 일을 찾는 것이다. 그 일을 통해 돈을 벌어야 내가 하고 싶은 것들을 차후에라도 도모해 볼 것 아닌가? 내가 원치 않는 일이라고 해서 거절할 만큼 주머니 사정이 녹록지 않을 것이다. 그렇게 현실에 타협해 가며 조금씩 이곳저곳에서 일을 가져오면 그때부터 개미지옥에 점점 빠져드는 자신을 발견하게 된다. 진짜 하고 싶은 영상이 있는데 지금 만들어야 하는 영상 때문에 진짜 나의 꿈이 저 멀리 사라져 버리는 느낌을 받을 수도 있다. 돈 때문에 어쩔 수 없이 만드는 영상은 재미도 없고 때로는 회의에 빠지게 하고, 어려움에 부딪힐 때는 포기하고 싶어지기도 한다.

　나의 지난 15년도 크게 다르지 않았던 것 같다. 나는 1인 영상제작자로 수많은 기업과 고객을 만나 아주 많은 영상을 만들어 왔다. 그곳에서 실패도 많이 했지만, 그와 더불어 성공적인 일도 많았다. 하지만 여전히 내 마음속에 잠자고 있는 아직 꺼내지 않은 꿈이 바로 '진짜 내가 하고 싶은 영상'에 관한 것이다. 나는 진짜 그것을 할 수 있을까? 그리고 내가 하고 싶은 영상만 만들며 그것이 사람들에게 더 많이 알려지고 그 결과로 영향력 있는 콘텐츠 제작자가 될 수 있을까?

　이 기나긴 고민을 오늘날 '퍼스널 브랜딩'이라고 정의할 수 있다. 그리고 그에 대한 실마리를 유튜브에서 발견하기 시작한다. 유튜브는 단순히 누군가가 만들어서 올린 영상을 소비하는 공간만이 아니라 영상을 창작하는 공간이기도 하다. 우리는 올드 미디어와 뉴미디어의 경계에 서서 두 개의 플랫폼을 크로스오버하며 콘텐츠를 소비하고 있으므로 혼재된 이미지와 편견에 갇혀 각각의 플랫폼을 바라본다. 올드 미디어를 보는 관점으로 뉴미디어의 플랫폼과 콘텐츠를 평가하곤 하는 이런 생각 말이다.

　"이 주제로 영상을 찍으려고 하는데, 이미 수많은 유튜버가 이 애기를 했네요. 저는 뭔가 특별한 주제를 찾아야 하지 않을까요?"

　이런 태도는 전적으로 올드 미디어의 관점으로 유튜브라는 플랫폼을 바라보았을 때 생긴다. 어디서 많이 들어본 말 아닌가?

햇볕이 뜨거운 오후 세 시, 올림픽 대로의 꽉 막힌 자동차들 사이에 꼼짝없이 갇힌 나는 라디오를 틀어 본다. 이 시간대의 라디오 DJ들은 한껏 고무된 어조로 나른한 오후를 깨우며 신나게 사연들을 읽어 내려가고 있다. 사연을 들으며 깔깔거리다가 사연의 주인공이 노래를 신청했다. 그때 DJ는 아쉬워하며 이렇게 말한다.

"아 그 곡은요. 어제 나갔기 때문에 이번에는 저희가 다른 곡을 준비해 봤습니다."

나는 이런 멘트를 들을 때마다 의아했다. 어제 들려준 곡이라고 왜 오늘은 들려줄 수 없는 거지? 그런데 이유는 간단했다. 앞서 내가 말했듯 올드 미디어는 시간을 기반으로 한 플랫폼이기 때문이다. 제한된 시간 안에 최대한 다양한 곡을 들려주어야 하기에 이들은 일정 기간에는 특정 곡을 중복해서 틀어주지 않는 규칙을 세워놓은 것이다.

그런데 유튜브는 어떠한가? 이들은 시간을 기반으로 하지 않기 때문에 같은 내용의 노래, 같은 주제의 콘텐츠가 수십, 수백 번 반복되어도 전혀 문제가 없다. 시청자들은 '선택'하기만 하면 되기 때문이다. 내가 소나타라는 자동차를 좋아한다고 하자. 신형 소나타가 출시되면 이 자동차의 모든 것이 궁금해진다. 그럼 나는 유튜브에 '소나타 신형'을 검색하고 주르륵 뜨는 콘텐츠를 시청한다. 라디오 같은 올드 미디어와 뭔가 다르다는 것이 느껴지는가?

얼마 전 촬영용 카메라 한 대를 구매했다. 오랫동안 쓰던 카메라를 더 쓸 수 없게 되어 큰맘 먹고 카메라 한 대를 산 것이다. 나는 구매하기로 마음을 굳힌 카메라를 유튜브로 검색해 몇 날 며칠 관련된 콘텐츠만 수백 편을 봤던 기억이 있다. 내가 카메라를 검색하며 '이것 봐라. 뭐가 이렇게 많아. 똑같은 제목의 카메라 리뷰? 다 남 따라 만든 콘텐츠 아냐!'라고 생각했을까? 천만의 말씀이다. 나는 리스트에 걸린 콘텐츠를 거의 다 빼놓지 않고 시청했다. 그 카메라가 어떻게 생겼는지 보고 싶기도 했고, 사람들이 저마다 다른 관점으로 카메라의 특징과 장단점에 관해 이야기하는 것이 흥미롭기도 했기 때문이다.

여기서 우리는 유튜브가 퍼스널 브랜딩 플랫폼으로 적합한 이유에 대한 실마리를 발견할 수 있다. 올드 미디어는 적어도 표면적으로는 객관적이고, 균형 잡힌 정보를 제공해야 한다. 그래서 보통 양쪽을 사이에 두고 무언가를 주장하는 사람들은 "각자 일장일단이 있다" 혹은 "각각 장단점이 있습니다" 식의 논리를 전개하기 쉽다. 그런데 유튜브는 그렇지 않다. 조금 극단적으로 얘기하자면 유튜브에서는 둘 중 하나를 강력히 편들어 이야기해야 한다. 그리고 그 이유에 대해 나만의 관점과 생각을 논거로 제시해 주면 된다.

사람들은 유튜브에서 유튜버의 고유한 시각과 관점에 대해 듣고 싶어 한다. 그 관점이 옳은지 그른지 확신이 서지 않는다고? 나의 확신과 신념을 주변 사람들에게 이야기할 때 이런 관점의 무오류성에 대해 자기검열을 하는 사람도 있나? 물론 이 말이 정보가 정확하지 않아도 된다는 뜻은 아니다. 불특정 다수를 향해 외치는 이야기에서 정확한 정보에 대한 검증은 꼭 필요하다. 내가 얘기하고 싶

아날로그 필름메이커

은 것은 그 정보의 정확성 여부가 아닌 그 정보에 관한 판단과 의견에 대한 부분이다.

새로 카메라를 사겠다고 결심한 순간부터 어림잡아 수백 편의 영상을 몇 날 며칠간 시청하며 나는 유튜브라는 플랫폼의 진가를 확인할 수 있었다. 누군가는 카메라의 전체적인 스펙에 대해서 이야기를 했다. 누군가는 저조도에서 어떤 성능을 보이는지 이야기했다. 누군가는 카메라의 외형에 관해 이야기했다. 또 어떤 사람은 결혼식장에서 사용해 본 경험에 관해 이야기했다. 또 다른 사람은 아이폰과 비교해 가며 영상을 찍었다. 놀라울 정도로 다양한 관점과 태도가 존재했다. 나의 관심과 관점이 비슷한 몇몇 채널은 구독도 해 두었다.

'올드 미디어에서는 가짜들만 가득하고, 유튜브로 대변되는 뉴미디어에서는 진짜들만 가득하다.'

다소 과장된 표현이긴 하지만 나는 퍼스널 브랜딩의 관점에서 이렇게 미디어의 현실을 정의하고 싶다. 올드 미디어에서 유명해진 사람들의 면면을 보라. 그들은 모두 자신의 이미지를 판매하며 명성을 얻게 된다. 중후한 이미지, 똑똑한 이미지, 젠틀한 이미지. 그러나 그 이미지가 정확히 그 사람 자신일 필요는 없다. 그 이미지는 어떤 방식으로 건 가공되어 시청자들에게 받아들여지고 확대, 재생산되기 때문이다. 올드 미디어에서는 변호사라면 당연히 중후하고 똑똑한 이미지여야 한다. 그런데 뉴미디어에서는 똑똑하고 중후한 이미지이기만 한 변호사는 외면당하기 일쑤다. 왜일까? 유튜브는 진짜가 존중되는 플랫폼이기 때문이다. 누구도 중후하고 근엄한 표정의 변호사를 진짜 그 모습 자체라고 여기지 않는다.

유튜브에서 나만의 콘텐츠를 만들고 싶다면 진짜 나에 관한 이야기를 하면 된다. 진짜 나의 모습을 보여주면 된다. 누구인 척, 어떤 척이 아니라 그냥 나 자신에 관해 그리고 내 생각과 관점에 관해 이야기하면 된다. 모두가 당신의 그런 모습을 좋아해 주지 않을 수도 있다. 그러나 동시에 생각보다 많은 사람이 분명 당신의 모습을 좋아한다.

내가 구독하겠다고 결심한 유튜브 채널에는 불과 구독자 20명의 '듣보잡' 유튜버도 있고, 구독자 3명의 정체불명의 유튜버도 있다. 놀랍게도 이렇게 함으로써 내가 십수 년간 바라고 원하던 퍼스널 브랜딩을 유튜브에서 실현할 수 있게 되었다. 나의 이야기와 진짜 모습을 보여주는 순간이 가장 매력적인 순간이다. 나를 좋아해 주는 수십 명의 사람과 그때부터 이야기를 풀어나가면 된다. 그 과정에서 어떤 곳에서도 경험하지 못한 기쁨과 희열을 경험하게 될 것이다. 자신의 감춰진 진짜 모습을 발견하는 중이기 때문이다.

실용음악과 학생들을 대상으로 했던 나의 강의는 여기서 끝이 났다. 강의의 요지는 우리가 흔히 생각하는 큰 무대와 멋진 플랫폼에서의 성공만을 바라보며 신기루를 좇고 있지는 않은지 돌아보라는 것이었다. 너와 나의 꿈이 '나의 콘텐츠를 더 많은 사람에게 알려주기 원하는 것'이라면 누군가가 그어 놓은 선과 누군가에 의해 내 얼굴에 덧씌워진 화장을 지워 버리리라고. 진짜 내가 하고 싶은 콘텐

아날로그 필름메이커

츠들로 사람들에게 인정받고 나 자신의 정체성을 찾아가려면 지금 당장 유튜브를 시작하라고.

제3장

영상은 설득 도구다

화질이 최고의 가치이던 때

내가 회사에 갓 입사했을 때 선배들로부터 영상제작에 관해 크고 작은 가이드라인 교육을 받았다. 가끔은 조금 우습다는 생각이 들 정도의 가이드라인이 많았다. 대부분은 영상제작 중 하면 안 되는 금기에 관한 것이었다. 가장 먼저 '크롭 금지'가 있었다. 크롭이란 자른다는 의미인데 영상제작에서는 특정 부분을 확대하는 것을 의미한다. 화면을 확대하면 필연적으로 가장자리의 특정 부분은 잘려나가게 된다. 사실 기술적으로 크롭이 필요한 경우가 종종 있다. 대부분 촬영본의 부족함을 메꾸기 위해 사용하는데 촬영 대상이 정중앙에 있지 않거나 화면 가장자리에 노출하고 싶지 않은 부분이 있는 경우나 화면의 수평을 맞춰야 할 때 등이 그런 경우다. 그럼에도 크롭을 금지하는 이유는 한 가지다. 크롭을 하면 영상의 픽셀도 함께 확대되어 화질이 저하되기 때문이다.

화질에 대한 일종의 '강박'은 여기서 끝나지 않았다. 촬영을 하러 갈 때 어깨에 메는 ENG 카메라를 주로 사용했는데, 메인 카메라 외에 한 손으로 들고 찍는 캠코더가 서브 카메라로 한창 사용되기 시작했다. 비록 서브캠이긴 하나 모든 핸디캠 카메라가 서브캠이 될 수 있었던 것은 아니다. 회사에서 가지고 있는 최소한의 기준은 3ccd 급 센서를 가진 핸디캠 카메라였다. 그렇게 따지면 서브캠으로 쓸 만한 카메라의 선택지가 대폭 줄어들게 된다. 가정용 캠코더는 명함도 못 내민다. 나의 의문은 여기서 시작되었다. 가끔은 홈 카메라가 약간 색감 빠져 보이는 듯한 일부 전문가용 3ccd 캠코더 카메라보다 화질이 더 좋은 것 아닌가 싶을 때가 있었다. 블라인드 테스트를 하면 아마 많은 사람이 두 카메라의 엇비슷한 해상도와 색 재현력에 적잖게 당황할 것이다.

왜 이런 촌극이 일어났던 것일까? 방송국이나 프로덕션 등에 속한 기존 영상제작자들은 무엇보다 '영상의 화질'을 최우선의 가치로 두었기 때문이다. 그 가치를 기반으로 모든 의사결정이 이루어졌다. 어두침침한 밤 촬영이 필요한 시간에는 빛의 양이 적어 화질이 떨어지니 주피터 조명 두 대를 설치하고 대낮같이 밝게 밤 신을 찍는 아이러니도 종종 일어났다. 올드 미디어 제작 현장은 창의적인 영상제작보다는 매뉴얼에 근거한 안전하고 조직된 영상을 만드는 것을 보다 큰 미덕으로 여기는 철저히 보수적이고 안정 지향적인 곳이다.

이런 흐름에 적잖은 균열을 일으킨 이가 있었으니 바로 CJ E&M

의 나영석 프로듀서이다. 그는 전통적인 방송 시스템에서 자라고 성장해온 '정통' 프로듀서로 기존 영상제작의 시스템과 문법에 매우 익숙한 제작자이다. 그가 KBS를 떠나 tvN으로 자리를 옮기며 제작한 프로그램들에서 '형식의 파괴'가 본격적으로 일어나기 시작했다.

나영석 효과가 가져온 파격

나영석 PD가 제작하기 시작한 여행 프로그램인 '꽃보다' 시리즈를 주목해 보자. 이 프로그램은 해외 각지에서 출연자들이 여행하는 모습을 담은 리얼리티 예능 프로그램이다. 리얼리티 프로그램의 특성상 출연자를 전담하는 카메라 감독이 따라붙고, 프로그램 제작에 필요한 인원들이 함께 이동해야 하다 보니 제작진의 규모 또한 만만치 않았다. 제작진은 일단 카메라 감독들의 카메라 크기를 줄였다. 어깨에 메는 ENG 카메라나 플래그십 DSLR 대신 손바닥만 한 일반 핸디캠을 들고 따라붙기도 했다. 그뿐인가? 출연자들이 묵고 있는 숙소나 식당에는 고정된 핸디캠 여러 대를 설치해 출연자들의 동선을 한순간도 놓치지 않으려 했다. 출연자들이 골목길 사이사이로 걸어갈 때는 작은 카메라를 소형 지브에 장착해서 화면을 담았다. 고등학교 인터넷 방송국도 아니고 대형 방송국에서 촬영하는 장비치고는 초라하기 짝이 없다.

파격은 여기에서 그치지 않는다. 출연자들이 잠자리에 들 준비를 하는 시간, 침실에 달린 작은 캠코더로 그들의 대화를 5분 가까이 하나의 카메라로 촬영한 앵글로만 방영되었다. 무려 5분씩이나! 사람이 샷의 지루함을 느끼기 시작하는 때가 대략 3~5초 정도라고 한다. 큰 이변이 없는 한 이 정도의 롱테이크는 시도하지 않는 게 상책이다. 나영석 PD는 카메라 한 대로 이야기를 끌고 간다. 잠자기 직전이니 조명상태가 좋을 리 만무하다. 특정 부분에서 강조를 위해 크롭을 시도하는 건 귀여운 수준이다. 내가 가장 놀랐던 것은 출연자들이 방의 불을 끄고 난 이후다. 출연자들의 대화는 계속 이어지고 방송은 암전 상태의 화면에 출연자들의 말 자막을 배치하며 몇 분의 시간을 더 보냈다.

이 장면을 보는 순간 내가 처음 입사해서 일주일 동안 책상에 앉아 읽은 방송규약집의 한 구절이 떠 올랐다.

방송사고에 관한 규정: 방송 중 프로그램의 음향이나 영상이 10초 이상 블랙/무음 처리되어 방영되는 경우

이 규약집대로라면 나영석 PD는 한마디로 방송사고를 치는 중이었다. 기존 영상제작자들의 문법으로는 도저히 이해할 수 없는 '괴랄'하고 한심한 프로그램인 것이다. 왜 나영석 PD는 이런 일을 했을까? 언뜻 이해하기에는 어렵지만 다른 한편으로 생각해 보면 매우 쉽게 답을 찾을 수 있다. 나영석 PD는 자신이 만드는 프로그램의 가장 중요한 가치를 화질이 아닌 '스토리'에 두었기 때문이다.

아날로그 필름메이커

스토리를 최상의 가치에 두다 보니 스토리에 걸맞은 전략으로 장비의 라인업이 나오고 편집의 방향이 결정되었을 것이다. 나영석 PD는 단순히 '이런 여행지가 좋아요'라는 패키지식 여행 프로그램을 만들고 싶었던 것이 아니라, 여행지를 통해 나와 우리를 돌아볼 수 있게 해 주는 프로그램을 원했던 것 같다. 그래서 제작진들은 '관찰'을 선택했고, 제작자와 출연자들이 직업적 관계가 아니라 같이 여행하는 동료로서의 포지셔닝에 심혈을 기울였다. 나영석 PD나 카메라맨들이 화면 안에 불쑥불쑥 들어오는 장면이 자연스럽게 느껴졌던 이유가 바로 여기에 있다.

나영석 PD가 화면 안에 들어와 적극적으로 출연자들과 대화를 시도하면서 촬영과 제작 회의와의 경계가 허물어졌고 출연자들은 누구나 무엇이 될 필요 없이 스스로 있는 모습 그대로를 화면에 투사할 수 있게 되었다. 이런 분위기를 끝없이 출연자에게 인지시키며 그날 밤, 불이 꺼진 공간 안에 비록 시청자들은 검은 화면을 보며 대화 소리밖에 듣지 못했지만, 기존의 연출을 통한 리얼리티쇼에서는 얻을 수 없는 출연자들의 끈끈한 친밀감을 끌어내 보여줄 수 있었다. 이것을 나는 '나영석 효과'라고 부르고 싶다.

나영석 효과는 다른 영상제작자들에게 적잖은 영향을 주었다. '꽃할배' 이후 우리나라의 리얼리티 예능의 제작방식에 많은 변화가 일어났다. 무엇보다 이런 변화의 방향은 스토리가 영상을 만드는 데 있어 가장 중요한 가치라는 인식의 전환을 불러왔다. 전적으로 '나영석 효과' 덕분이다. 카메라맨이 정석 구도로 촬영해서 방송에 나갈 수 있는 수준의 화면을 만들어야 하고 스태프가 화면에 노출되면 방송사고라는 틀에 박힌 사고에서 벗어나고 나니, 더욱 자유롭고 인간적인 스토리텔링이 나오기 시작했다. 요즘 리얼리티 예능 프로그램에서는 심지어 출연자가 카메라를 들기도 하고, 그렇게 찍힌 '저퀄' 영상이 자연스럽게 전파를 타기도 한다. 일반인이 아무렇게나 찍은 화면이 방송에 나간다? 예전에는 시말서 감이다. 이런 변화된 가치와 인식 아래 시청자는 마침내 이런 상황을 받아들이는 단계로 접어들었으며 다음 세대 영상제작자들이 공통으로 받아들여야 할 '새로운 규정집'이 만들어진 것이다.

영상은 이야기 구조로 되어 있다. 영상을 제작하는 프로듀서는 '이야기꾼'이다. 이 본질적인 자기인식이 제작자들 마음속에서 일어나야 한다. 얼마나 많은 장비와 얼마나 최신 소프트웨어가 나왔는지는 부차적인 관심이어야 한다. 어떤 이야기를 어떻게 하느냐가 얼마나 좋은 장비를 가졌느냐보다 먼저 고려되어야 하고 더 중요하게 다뤄져야 한다. 영상을 이야기의 관점으로 접근하면 많은 부분이 명쾌해진다. 집중해야 할 것이 더욱 선명해진다.

최고의 이야기는 '일상'

지금 영상을 만들고 싶다면 '하고 싶은 이야기는 무엇인가?', '왜 하고 싶은가?', '어떻게 하고 싶은가?'라는 질문을 하고 고민해야 한다. '컴퓨터는 어떤 것을 사야 되지?', '카메라는 뭐가 가성비가 좋지?' 따

아날로그 필름메이커

위의 고민은 잠깐 접어 두고 말이다. 사람마다 하고 싶은 이야기는 모두 다르다. 예를 들어 대만으로 여행을 간다고 가정해 보자. 여행의 순간순간을 촬영해 한편의 영상으로 담고 싶다고 결심할 수 있다. 난생처음 자동차를 산다면 자동차 구석구석을 영상으로 보여주고 싶을 것이다. 아이가 처음 어린이집에서 발표회를 한다면 발표 모습을 한편의 영상으로 만들어 낼 수도 있다. 이렇게 각자가 매우 특별한 경험과 상황을 마주할 때 기억하고 기록으로 남기기 위해 영상제작을 기획하고 실행해 볼 수 있다. 그런데 어떤 이들은 이런 이야기를 한다.

"저는 인생이 특별하지도 않고 매일 같은 일상이 반복되어서 영상으로 만들 것이 없어요. 딱히 좋아하는 것도 없고요. 그런데 페이스북이나 인스타그램을 보면 다른 사람들은 맛있는 음식을 믹고 좋은 카페, 해외여행, 쇼핑 등을 즐기며 매일매일 신나는 일을 하며 사는 것 같아요. 나는 무슨 영상을 만들 수 있을까요?"

물론 대부분의 사람들은 특별한 일이 있을 때 기록하고 싶어하고 한편의 영상물로 만들고 싶어한다. 그러나 나는 인생에서 최고의 콘텐츠는 다름 아닌 '일상'이라고 생각한다. 아무것도 특별할 게 없는 어쩌면 지루하기조차 한 갑갑한 일상이 어떻게 최고의 콘텐츠가 될 수 있냐고 물을지 모르겠다. 그런데 말이다. 일상을 특별하게 만들어 내는 능력이 바로 '영상'에 숨어 있다는 것을 아마 당신은 몰랐을 것이다.

어느 날 밤, 개인적으로 함께 일을 한 적이 있는 고객 A에게서 전화를 받았다. 이제 막 결혼을 한 새신랑이었는데 웃음이 따뜻하고 성격도 시원시원한 호남형의 능력 있는 직장인이었다. 전에 함께 일을 하면서 인간적으로도 호감을 가진 사람이었는데 전화를 한 용건은 다음과 같았다.

'다음 달 어머니 환갑 때 서울의 한 호텔에서 간단한 저녁 식사 자리를 마련했다. 가족들과 주변 친지들을 초청한 조촐한 저녁 식사 모임인데 그 자리를 영상으로 만들고 싶어 연락했다. 촬영 요청 사항은 특별한 것은 없고 그냥 그 순간을 잘 담아 주면 좋겠다.'

이런 유의 의뢰를 받지 않는 나는 당황했지만 어찌 됐건 상관없었다. 나는 잠시 고민한 끝에 요청에 응했다. 한 달의 시간이 지난 토요일 늦은 오후, 분주한 서울시청 앞은 가족이나 연인끼리 외출을 나온 사람들로 뒤엉켜 덕수궁 앞 거리까지 북적거렸다. 사람들 틈을 빠져나와 호텔에 식사시간보다 조금 일찍 도착한 나는 의뢰인과 그의 동생을 만나 반갑게 인사를 나눴다. 마침 시간도 남고 아드님 두 분이 옆에 있으니 자연스럽게 인터뷰 촬영을 하는 분위기로 흘러갔다.

"영상 앞부분에 아드님 두 분의 인터뷰가 들어가면 좋겠네요."

순간 두 형제는 당황하는 기색을 보였지만 인터뷰를 진행하는 데는 큰 문제가 없었다. 동생이 먼저 인터뷰를 하기로 했다.

"자 준비됐습니다. 어머님 여기서 보고 계신다고 생각하시고 영상 편지 형식으로 말씀하시면 됩니다. 준비…, 시작하세요!"

카메라 녹화가 시작되고 화면 안에 형보다 몸집이 큰 동생이 상기된 표정으로 서 있었다. 카메라 앞에 서는 일반인들이 대부분 그렇듯 머뭇거리며 말이다. 동생은 잠시 주저하다가 큰 한숨을 내쉬고는 이야기를 시작했다.

"어머니… 우리 어머니로 말씀드릴 것 같으면, 자타가 공인하는 신사임당 같은 분, 내게 하지 말라는 말을 단 한 번도 하지 않으셨던, 언제나 친구 같았던 분입니다."

갑자기 화면 속 남자가 하던 말을 멈추더니 북받쳐 오르는 감정을 억누르는 듯 잠시 울먹거리다 마침내 울음을 터뜨리고 말았다. 나는 당황했다. 내 고객인 A도 당황했다. 촬영은 중단되었고 두 아들이 서로 어깨를 토닥거리며 마음을 진정시키기까지는 꽤 오랜 시간이 필요했다.

사연은 이랬다. A의 어머니는 각별한 사랑으로 두 아들을 헌신적으로 키웠고 아들들은 그런 어머니를 존경했다. 큰아들은 결혼도 했고 이 가족에게는 이제 행복한 일만 남은 것 같았다. 하지만 자녀들 뒷바라지만 하시던 어머니가 조금씩 기억을 잃기 시작하셨다. 병원에서는 치매로 진단했다. 병은 어머니의 소중한 기억들을 차츰차츰 앗아갈 것이다. 그 기억 속에는 그녀가 그토록 사랑하고 아끼던 어린 아들들에 대한 기억도 있을 것이다. 마침내 그녀는 자신이 누구인지, 자녀와 남편이 얼마나 자신을 사랑하는지도 잊게 될 터였다.

몇 달 후 찾아오는 어머니의 환갑을 맞이해 아들은 고민 끝에 용기를 내어 그날 밤에 내게 전화를 걸었다. 점점 기억이 가물가물해지는 어머니의 모습을 하루라도 늦기 전에, 어머니가 자신을 바라보고 따뜻한 웃음을 보일 수 있을 때 영상으로 남겨두고 싶다는 생각을 한 것이다. 어머니의 잔소리나 전에는 무심하게 들렸을 "밥 먹었니?"라는 물음도, 그냥 소파에 앉아 TV를 보며 깔깔거리는 모습조차도 이제 허락되지 않을 테니 말이다. 자신의 환갑 저녁 식사를 위해 찾아온 친척들을 향해 연신 천진난만한 미소를 띠는 어머니의 모습과 그 곁에서 조용하게 앉아 어머니를 지켜보는 가족들의 모습이 서로 겹쳐진 그 날 저녁 식사는 웃음과 눈물이 교차하는 복잡한 기분이 느껴지는 순간이었다. 나는 이렇게 이들의 저녁 식사 장면을 담담히 화면에 담았고, 레아 웨스트의 〈가디언 엔젤Guardian Angel〉을 배경음악으로 삽입했다.

작은 아이가 천국에서 하나님에게 물었지.

"정말 가야 하나요?"

하나님은 대답하셨어. 그래 가야 할 시간이란다.

그런데 걱정하지 말아라. 넌 거기서 혼자가 아니야.

너를 기다리고 있는 사람이 있다는 걸 알게 될 거야.

너의 안전한 도착을 위해 기도하고 바라는 그 사람,

모든 사람은 돌봐 주는 천사들과 함께 태어난단다.

그분의 품에서 넌 높이 날아오를 수가 있어.

네가 생각했던 것보다 더 높이.

아날로그 필름메이커

그녀는 누구보다 널 사랑할 것이고 널 보호할 거야.

그 천사에겐 이름이 있지.

넌 그녀를 이렇게 부르렴.

엄마.

이 잊지 못할 일을 경험하고, 영상을 만들며 나는 영상제작자로서 '이야기'에 대해 다시 생각해 보게 되었다. 우리에게 일상은 어찌 보면 새로울 것이 전혀 없고 희망도 미래도 없이 침체되고 멈추어 버린, 숨 막히는 인생의 한순간처럼 여겨질 수도 있다. 이런 일상이 우리 인생에 가장 특별한 순간이 될 때가 있다. 다시는 일상의 삶을 살아갈 수 없는 상황이 될 때, 일상이 얼마나 축복이었는지, 얼마나 행복하고 풍성한 삶이었는지를 실감하게 된다. 그래서 나는 세상 모든 사람이 자신이 오늘 누리는 일상을 최고의 순간으로 여기고 즐거워하며 감사했으면 좋겠다.

그뿐인가? 그런 일상이 과거가 되어버렸을 때도 그것은 우리에게 무엇과도 바꿀 수 없는 소중한 시간이 되어버린다. 내 첫째 딸은 어느덧 초등학교 5학년이 되었다. 그 아이가 태어난 해는 공교롭게도 내가 처음 아이폰을 구매했던 때이다. 데이터의 클라우드 백업 시스템이 몰라보게 발전한 덕분에 아주 오래전 딸의 사진과 영상들이 구글포토에 백업되어 있다는 것을 얼마 전에 알게 되었다. 많은 사진과 영상 중에서 딸이 어린이집 버스에서 내려 아빠에게 조잘대며 노래를 부르기 시작했던 어느 오후의 영상을 지금 보고 있자니 정신이 번쩍 들며 뭉클한 감정이 몰려왔다.

'아, 다섯 살이었던 딸을 지금 한 번이라도 안아 보고 싶다.'

이 표현할 수 없이 밀려드는 그리움은 몇 년 전 봄날의 오후에 무심코 녹화 버튼을 눌러 만들었던 그 일상의 영상이 만들어 낸 감정이다. 이 복잡한 감정들은 나에게 새로운 통찰을 주었다. '십몇 년 후에 나는 바로 지금 5학년인 내 딸의 모습을 그리워하고 있겠지.' 그렇게 본다면 오늘, 이 순간, 나의 일상은 내 개인의 인생에서 가장 찬란히 빛나는 순간이다. 내 가족들과 나를 아는 수많은 사람에게도 마찬가지일 것이다.

그래서 누군가가 영상제작자가 되고 싶다면 자신의 일상을 먼저 돌아볼 것을 권하고 싶다. 그렇다면 순간순간마다 기록하여 남기고 공유될 무궁무진한 스토리가 자신에게 있음을 알게 될 것이다. 퇴근해서 집에 돌아오면 잘 걷지도 못하는 8개월짜리 딸이 아빠를 향해 열심히 기어온다. 다음 주가 아내의 생일이다. 길을 가다가 아빠가 좋아하는 와인이 할인판매 중인 것을 발견한다. 비가 많이 오는데 우산이 없어서 엄마에게 전화한다. 이러한 모든 것이 우리의 일상에서 매일같이 펼쳐지는 일이다. 소소하지만 생각해 보면 가슴 뭉클한 이런 일상이 오늘 영상제작자들이 놓치지 말아야 할 최고의 콘텐츠다.

아날로그 필름메이커

영상이 '말하는 방식'

영상은 기본적으로 이야기라는 형식을 취하지만 여타의 이야기 매체와는 다른 특별함이 있다. '음성'으로 하는 이야기는 내용과 더불어 이야기를 전달하는 사람의 음색과 억양 등이 이야기의 전달력을 결정하는 청각적 속성이 강하다. 이에 비해 '글'로 전달하는 경우에는 내용과 구성으로만 이야기가 전달된다. 그렇다 보니 '음성'과 '글'로 전달되는 이야기들은 무엇보다 듣고 읽는 이들의 '상상력'을 요구한다. 이때 이야기의 수용자들은 상상력을 양분 삼아 이야기를 받아들이고, 이야기의 디테일은 개인 안에서 무한히 확장된다. 영상은 어떤가? 영상 매체는 탄생과 동시에 이야기 전달 매체로서의 '음성'과 '글'을 단숨에 하위 구조로 종속시켜 버렸다. 청각과 시각을 동시에 무기로 삼은 '영상'은 '음성'과 '글'에 비해 월등히 뛰어난 메시지 전달력을 가지고 있기 때문이다.

그보다 더 중요한 것이 있다. 그것은 영상이라는 이야기 매체가 개인의 상상력을 철저히 배제한다는 점이다. 미타니 코키 감독의 영화 〈웰컴 미스터 맥도날드〉는 심야에 생방송으로 나가는 라디오 드라마를 만드는 과정에서 발생하는 수많은 어려움을 해결해 가는 과정을 그린 코미디 영화다. 방송국에서 공모한 시나리오 공모전에 평범한 주부 스즈키 미야코가 당선된다. 그날 밤 라디오 드라마 시간에 그녀가 제작한 시나리오로 방송이 만들어질 예정이었다. 두려움과 설렘을 안고 방송국에 도착하고 약간의 준비 끝에 방송이 시작되었다. 그런데 출연자들이 멋대로 대본을 바꿔 읽기 시작하면서 미야코가 만든 이야기는 안드로메다로 날아가 버렸다. 일본의 한 어촌에서 벌어지는 이야기였지만 바뀐 대사 한마디 탓에 드라마의 무대가 갑자기 시카고로 옮겨져 버렸다. 남녀의 로맨스로 시작한 이야기가 갑자기 액션 활극으로 변해 총질을 시작하는 식이다. 이야기를 원래대로 되돌리기 위해 애쓰는 프로듀서와 스토리가 망가지는 것에 개의치 않는 이기적인 성우들이 엎치락뒤치락하는 이야기가 영화 안에 가득하다.

그 엉망진창인 영화에 이런 장면이 있다. 방송국 관계자인 우시지마가 드라마 공모전에 당선된 후 방송을 위해 처음으로 방송국을 찾은 미야코와 휴게실에 앉아 이야기를 나누다가 던진 말이다.

"미국의 SF영화들은 막대한 제작비가 들지만, 라디오에서는 성우가 '여기는 우주'라고 하면 바로 우주가 펼쳐지죠. 인간에게 상상력이 있는 한 라디오 드라마에는 무한한 가능성이 있어요."

"서기 2100년, 이곳은 달 표면."

'음성'으로 전달되는 이야기에서 이 한마디로 일순간에 미래의 세계와 광활한 우주가 펼쳐진다. 청취자들은 저마다의 서기 2100년, 저마다의 달에 대한 이미지를 마음속 공간에 펼쳐볼 것이다. 별이 쏟아질 듯한 하늘에 한가득 화려하고 가슴 벅찬 달의 모양일 수 있고, 또 어떤 이들에게는 춥고 어둡고 외로운 달일 수 있다. 이렇게 저마다의 달이 다른 이유는 경험과 지식과 기대가 버무려진 '각자의 상상'이 이야기를 이미지화하기 때문이다.

그런데 영상이라는 매체는 시청자의 상상력을 단번에 무력화시킨다. 음성이나 글로 된 이야기는 듣고 읽는 이들의 상상력으로 공간을 채워 나가지만, 영상은 제작자가 소품의 모양과 색깔과 위치를 직접 정해 채워 버리기 때문이다. 그렇게 '창조'된 공간은 프로듀서의 의도와 목적이 적나라하게 반영된 공간이다. 시청자들은 무방비로 프로듀서의 세계관에 노출될 수밖에 없다.

2016년 작 영화 〈컨택트Arrival〉는 조디 포스터의 1996년 작 〈컨택트Contact〉와 동명의 영화다. 테드 창이 쓴 소설 〈당신 인생의 이야기〉를 원작으로 한 이 영화는 외계에서 온 생물체인 '헵타포드'와 인간이 서로 다른 의사소통 플랫폼에서 어떻게 서로가 보내는 메시지와 의미를 알아낼 수 있느냐를 추적하는 과정을 담고 있다. 우리는 뱃속에서 성대를 울리며 나오는 공기가 혀와 입술의 움직임으로 소리를 만들어 내고 소리는 언어라는 큰 틀 안에서 조직되고 발성된다. 그래서 그 소리를 알파벳이나 한글 등의 체계적인 문자로 기록할 수 있다. 그런데 인간이 만든 언어는 기본적으로 '의미'를 전제하는데 그 '의미'에 대한 개념조차 다른 외계인과의 의사소통이라니. 생각과 세계관이 다르고 성대의 구조와 수십억 년간 켜켜이 쌓여 각자의 아이덴티티가 된 생존 방식도 달라서 공통점이라고는 하나도 찾을 수 없는 외계인의 언어를 우리가 어떻게 이해할 수 있겠는가? "너의 이름은 무엇이지?"라는 단순한 의사소통을 위해서도 외계인에게 이름이 어떤 사회적 의미인지, 그리고 의문점들을 묻는 개념이 외계인의 의식체계에서 어떻게 존재하는지, 그런 의문을 해소하는 프로세스까지 고려해야 하므로 이것은 사실 불가능에 가까운 작업일 수도 있다.

그런 면에서 외계에서 온 헵타포드와 인간이 조우하면서 최초로 그들의 언어를 문자로 써 보이는 장면은 신비롭고 소름 끼치게 감동적이기까지 하다. 원작소설 〈당신 인생의 이야기〉에서는 헵타포드에 의해 스크린에 쓰인 글씨가 복잡한 형태의 이차원 이미지로 묘사되어 있다. '원작의 글'이 묘사하는 헵타포드의 문자는 독자들의 상상력 속에 저마다 다른 형태로 유추되어 그려질 것이다. 누군가는 선이 강한 붓글씨 형태의 모양을 떠올리고, 또 어떤 이는 실처럼 가는 선들이 두세 겹으로 꼬여 섬세한 구조로 엮인 모양일 수도 있다. 이처럼 독자들은 헵타포드의 문자에 대해 서로 다른 이미지와 모양을 머릿속에 만들어 놓았을 것이다. 영화는 어떤가? 인간과 헵타포드 사이를 가로막고 있는 유리벽 위에 헵타포드의 문자가 쓰이기 시작한다. 다양한 굴곡을 가진 수많은 무작위 형태의 원형들 주위로 선이 물결 형태로 그려지거나 생동감 있게 뻗어간다. 이 모양은 경이롭고 아름답지만 다른 한편으로는 영화를 시청하는 모두에게 같은 이미지로 시각화되어 뇌리에 박힌다. 그 이미지는 상상을 통해 얻은 것이 아니라 영화의 화면에서 시각 정보로 바로 주입된 이미지이다.

상상력이라는 게 사실 그런 것 아닌가? 시간을 거꾸로 돌리고, 갑자기 주머니에서 자동차를 꺼내고, 맘에 들지 않는 친구를 비눗방울 속에 가둘 수도 있는 비현실적인 생각들이 우리의 머릿속에서나 맴돌던 상상 세계의 이야기지만, 영상은 그것을 이미지로 형상화하여 마치 현실인 듯 보여줌으로써 시청자에게 시각적인 충격을 준다. 스피드램핑, 타임웝스, 리버스, 슬로우모션, 합성, 편집 등 영상이 가지고 있는 강력한 무기들이 사람들이 상상할 수 있는 틈을 주지 않고 정신을 빼놓는다.

영상은 강력한 메시지 도구

이렇게 같은 이야기를 글로 쓸 때, 혹은 말로 할 때, 그리고 영상으로 전달할 때, 각각의 '스토리텔러'는 이야기를 전달하는 수단에 적합한 방법으로 이야기를 해야 한다. 이야기를 듣고 보는 이들의 상상력이 필요한 부분에서 상상력을 불러일으키는 방법이 서로 다르고, 사실을 묘사할 때 사용하는 방법도 제각각이다. 영상으로 이야기를 만드는 것이 오늘날 가장 강력한 메시지 도구가 될 수 있었던 것은 시각과 청각이 통합되어 제공하는 놀라울 만큼 명쾌한 전달력 때문이다. 글로 이야기를 전달할 때는 감동적인 순간에 관한 이야기를 써 내려가도 백그라운드 음악을 흐르게 할 수 없지 않은가? 말하기로 이야기를 아무리 그럴듯하게 전달해도 등장인물의 웃는 모습이나 찡그린 모습, 혹은 특정한 태도를 그만큼 직관적으로 묘사하여 전달하기는 쉽지 않을 것이다.

영상을 만들 때 글쓰기나 말하기 정도의 수준으로 영상을 만드는 경우가 적지 않다. 영상으로 제작하면서 콘텐츠 수용자들이 자막 읽기에만 몰두하게 하거나 사진만 감상하게 한다든지, 영상 안에 누군가의 내레이션만 있는 경우에는 영상이라고 하는 매체의 힘을 제대로 활용했다고 볼 수 없다.

최근 유튜브에서 많이 볼 수 있는 콘텐츠 중 하나는 '토크 콘텐츠'다. 한마디로 카메라를 세팅해 놓고 그 앞에 앉은 사람들이 이야기하면서 스토리를 끌고 가는 영상이다. 어떤 특정한 주제로 가장 손쉽게 만들 수 있는 포맷이라고 여긴 것일까? 유튜브에서는 처음 시작하는 이들이 만들 영상으로 가장 접근성도 좋고 제작도 편리한 편이다. 〈아날로그 필름메이커〉 유튜브 채널도 특별한 이유가 없다면 이런 형태로 영상을 제작하고 있다.

처음부터 끝까지 카메라 한 대가 말하는 이를 비춰주는 것으로 진행된다면 엄밀히 말해 영상이라는 미디어를 제대로 활용했다고 보기 어렵다. 이런 영상은 최종적인 유통, 즉 시청자들과의 접촉점을 오프라인 강연이나 대화를 영상으로 옮겨놓은 것에 불과하다. 더 많은 사람이 시간과 장소에 구애받지 않고 누군가의 말하기를 볼 수 있다는 것만으로도 이런 영상이 꽤 효율적이지만 영상은 더 많은 가능성이 있는 매체다. 어떤 특정한 경험에 관한 이야기를 하고 있다면 그 경험과 관계있는 자료들을 함께 배치하든지, 어떤 사람들의 이야기를 논박하는 주제라면 논박하고 싶은 사람들이 어떻게 얘기했는지 영상과 음성자료로 보여주면 된다. 그래서 단순히 말하기만으로는 채울 수 없는 많은 멀티미디어 리소스를 이용해 말하기의 메시지 효과를 극대화해야 한다. 그뿐 아니라 말하기의 시점을 뒤죽박죽 섞어 볼 수도 있다. "제가 앞선 주제에서 이런 얘기를 한 것 기억하세요?"라며 이전에 얘기했던 부분을 다시 불러와 보여줄 수 있다. 이렇게 영상이 가지고 있는 매체 특성과 요소들을 모두 동원하여 스토리텔링 한다면 콘텐츠 수용자들은 영상이 전달하려는 메시지를 그 어떤 미디어보다 더 적극적으로 받아들이고 반응할 수 있다.

시청자 의식하기

다시 '일상'이라는 주제로 돌아와 보자. 주변을 돌아보면 사실 수많은 콘텐츠가 숨어 있다. 그것을 '영상의 관점'에서 보면 우리는 스토리텔링에 대한 단서를 잡을 수 있다. 일상을 단순히 '기록'하는 것도 그 자체로 의미가 있지만, 앞서 말했듯 그것만으로는 영상이라는 미디어를 충분히 활용했다고는 할 수 없다. 기록의 틀에 갇힌 창작물은 확산과 공유의 개념과 거리가 있기 때문이다.

혹시 이 책을 읽는 이들 중에 '내가 영상을 만들려는 이유는 만들어 놓고 집에서 혼자 보기 위해서'라는 이가 있다면 지금 책을 덮으셔도 된다. 기본적으로 영상을 만든다는 것은 듣고 보는 대상을 상정하고 하는 창작 행위이다. 베테랑 제작자이건 오늘 막 영상을 시작한 제작자이건 세상 그 누구도 영상을 제작하면서 시청자를 염두에 두지 않는 이는 없다는 말이다.

오늘이 아내의 생일이라고 해보자. 아내의 생일을 축하하는 장면을 영상으로 담고 싶어졌다. 휴대폰을 들고 아내를 위해 사 온 케이크에 불을 붙이고 휴대폰 카메라를 든 채 생일 축하 노래를 불러주고 아내가 촛불을 끄면 손뼉을 친다. 아내를 위해 준비한 가방을 선물로 준다. 선물을 받은 아내는 뛸 듯이 기뻐한다. 가방 들고 카메라를 보라고 한다. 아내가 손을 흔드는 장면까지 담은 뒤 녹화를 종료한다.

여기까지만 해도 개인에게는 훌륭한 콘텐츠다. 이 두 사람에게는 둘도 없이 소중한 영상으로 두고두고 남겨질 것이다. 그런데 여기에는 사실 영상이라는 매체의 특성을 활용한 어떤 요소도 들어가 있지 않다. 영상을 제작하는 사람이라면, 지극히 개인화된 일상을 콘텐츠로 만들기 위해 접근 방법을 달리할 필요가 있다.

새로운 접근이란 바로 시청자의 관점에서 영상을 리플레이 해보라는 것이다. 이 영상이 영상 속 두 주인공에게는 특별해 보일지 모르지만, 유튜브를 보는 수많은 사람에게는 별다른 감흥이 없을 수도 있다. 영상에서 아내가 가방 때문에 눈물을 흘렸다면 그에 대한 반응도 제각각일 것이다. 우리는 아내의 생일이라는 콘텐츠를 만들기 위해 다음의 질문에 대한 답을 우선 찾아봐야 한다.

· 무엇을 보여주고 싶은가?
· 사람들이 어떤 반응을 보이기를 원하는가?
· 그 목적을 달성하기 위해 어떻게 만들어야 하는가?

이 세 가지 질문을 머릿속에 담아두고 끊임없이 질문하고 대답을 찾는 것이 좋은 영상을 만드는 첫걸음이다. 이 질문들에 일관된 답을 하는 영상이라면 적어도 실패하지 않는다. 영상제작자가 만들어야 할 영상들은 모두 이 질문에 대한 답을 가지고 있어야 한다. 앞서 예로 든 휴대폰으로 찍은 아내의 생일 영상이 시청자가 보기에 적합하지 않은 이유는 수없이 많다. 하나를 꼽으라면 당사자에게는 더할 나위 없이 소중한 영상이라 할지라도 불특정 다수에게는 '불친절한 영상'이라는 점이다. 영상에는 이 두 사람의 관계에 대한 어떠한 정보도 없다. 영상을 촬영한 당사자인 남편은 아내를 너무나 잘 알고 있었기에 영상에서 아내와 자신에 대한 소개를 생략했다. 불특정 다수가 볼 영상이라면 가장 먼저 자신과 아내에 관해 이야기했어야 한다. '안녕하세요. 제 이름은 아무개, 제 아내는 직업이…' 이런 식이어도 상관없다. 출연자들을 소개해야 하는 이유는 단 하나다. 시청자들이 더 많은 정보를 갖게 되어 영상에 출연하는 사람들이 어떤 사람인지 알게 함으로써 그 사람들의 이야기를 '나에게 친근한 사람의 이야기'로 받아들일 준비를 하도록 만드는 것이다. 시청자와 출연자 간의 친밀감을 만들어가는 이 과정이 모든 영상의 스토리텔링 작업을 통틀어 가장 중요한 부분이다.

친밀하게 다가가기

〈휴먼다큐 사랑〉은 십 년 넘게 방영되고 있는 MBC의 간판 다큐멘터리 프로그램이다. 매년 5월 가정의 달에 방영되는 가족 다큐멘터리

인데 이 프로그램은 출연자 가족들이 당면한 어떤 특별한 문제를 다룬다. 셀 수 없이 많은 가족 이야기 중 지금까지 내게 기억에 남은 건 바로 '풀빵 엄마' 편이다. 노점에서 풀빵을 팔며 자녀 두 명을 홀로 키우는 '풀빵 엄마'가 암 투병을 시작하며 가족에게 위기가 찾아왔다. 그 속에서 갈등하고 아파하고 희망을 품어보고 또다시 절망하지만, 결국 이들을 하나로 묶어준 것은 가족 간의 '사랑'이다. 사랑이야말로 우리가 함께하지 못하는 순간이 찾아와도 영원히 각자의 가슴 속에 남아 서로를 그리워하게 하고, 눈물 흘리게 하고, 기억하게 하는 힘이다.

이 다큐멘터리는 잔인하게도 후반부로 향할수록 이 가족이 감당할 수 없는 곳으로 시청자들과 함께 안타까운 감정을 몰아간다. 그 과정에서 풀빵 엄마와 두 자녀에 대한 관계 설정에 상당 시간을 할애한다. 손님에게 언제나 풀빵 몇 개를 덤으로 챙겨주는 넉넉한 마음을 가진 엄마와 풀빵 가게로 달려오며 서로를 챙겨주는 사이 좋은 남매. 추위 속에서 두꺼운 잠바에 모자까지 눌러쓴 어린 남매가 건널목 건너 사람들 사이에 섞여 서 있으면, 어느새 우리도 '풀빵 엄마'가 되어 군중 속에서 남매를 단박에 찾아내게 된다. 비록 짧은 한 편의 다큐멘터리에 불과하지만, 시청자들은 그 시간만큼은 한 가족의 생활 속으로 깊숙이 들어가 함께 하게 된다. 그렇게 되면 그 가족의 문제를 나와 관계없는 사람들의 이야기가 아닌 친한 사람의 이야기, 아니 바로 내 가족의 이야기로 받아들이고 그들의 삶에 감정 이입할 수 있게 된다.

아날로그 필름메이커

아내의 생일 이야기로 다시 돌아오자. 내가 제작자라면 우선 아내와 남편에 관해 이야기할 것이다. 결혼 5년 차. 부부의 숨겨진 이야기들이 있을 것이다. 갑자기 남편이 실직했다. 그 사이 아내는 묵묵히 남편의 뒷바라지를 하며 남편의 재기를 위해 헌신했다. 그렇게 두 부부는 열심히 노력했고 마침내 남편은 원하던 직장에 취직할 수 있었다. 홀가분한 마음으로 올해 아내의 생일을 축하해 줄 수 있게 되었다. 그런데 아주 오랫동안 남편의 마음에 걸렸던 것이 있었다. 결혼 1년 차 생일 때 아내를 위해 남편이 선물해 준 명품 가방을 생활고 때문에 눈물을 머금고 팔아야 했던 일이다. 아내는 괜찮다고 또 사면 되지 않느냐며 내색하지 않았지만, 남편이 아내의 마음을 모를 리 없다. 그래서일까? 남편은 새로 취직한 첫 날부터 아내에게 가방을 선물하겠다고 다짐했다. 그리고 마침내 아내의 생일에 선물하게 된 것이다.

이게 특별한 사람들의 이야기라고 생각하는가? 절대 그렇지 않다. 주변에 있는 다른 부부들을 붙잡고 지난 이야기를 들어보라. 이것이 우리의 일상이요 인생이다. 신파적일 필요도 없다. 그냥 담담하게 이야기를 풀어내면 된다. 남편이 이야기해도 되고 부부의 지난 시절 사진을 보여주면서 자막으로 만들어도 된다. 그렇게 생일날에 멋진 레스토랑에 앉아 아내가 다시 활기를 찾은 남편과 함께 오랜만에 식사한다. 생일 케이크에 촛불이 켜지고 남편이 꺼낸 가방을 본 아내의 눈물과 울음. 시청자가 이 부부의 스토리를 알고 있을 때와 그렇지 않을 때, 시청자들이 아내가 흘리는 눈물에 대해 보일 반응은 완전히 다를 수밖에 없다. 가방을 보고 놀라는 아내의 모습은 그동안 힘겨웠던 인생의 순간이 보상받는 압축된 절정의 순간으로 시청자들에게도 똑같은 감동을 불러일으킬 수 있다. 자막이나 내레이션도 필요 없다. 이미 시청자들은 가방의 의미와 아내가 얼마나 험난한 시절을 견뎌 왔는지 충분히 알고 있으니 말이다.

최고의 미덕은 공감

이 영상을 보고 시청자가 감동하였다면 그것은 아내의 마음에 '공감'했기 때문이다. 이런 영상에서는 '명품 가방을 받으니 좋아 죽는구나'라는 반응은 절대 나올 수가 없다. 부부의 스토리를 전부 알 수는 없지만, 적어도 영상 안에서 왜 아내가 눈물을 흘리고 기뻐하는지 시청자가 '공감'했다면 그 자체로 이미 충분히 좋은 영상이 된 셈이다.

이렇듯 영상을 만들 때 우리가 시청자에게 기대하는 최고의 반응은 '당신의 이야기에 공감했다'라는 것이다. 환호와 박수, 소름, 대박 반전. 이런 반응 정도는 나와야 한다고 생각하는가? 나는 생각이 다르다. 오늘날은 감동에 목마른 시대이다. 사람들은 감동을 원한다. 그 감동은 '공감'을 기반으로 한다. 사람들은 온라인과 유튜브에서 '어마어마하게 놀라운 러브스토리'나 '드라마틱한 우정'에 관한 이야기를 듣고 싶어 하기보다는 내 주변에서 일상적으로 일어나는 일들 속에서 벌어지는 소소하지만, 가슴을 촉촉이 적시는 따뜻한 이야기들을 더 원할지도 모른다.

지난 6~7년간의 동영상 콘텐츠들의 변화 흐름을 나만의 방식으로 관찰한 적이 있다. 크게 세 단계로 이 변화를 소개해 보고 싶다. 첫 번째 단계는 '빠르게 소비하는 영상'을 원하던 시기다. 이때는 짧은 러닝타임으로 웃기고 재미있는 '심심풀이' 영상들이 주로 소비되었다. 이때 휴대폰으로 영상을 보는 사람들은 대부분 영화나 드라마를 직접 휴대폰 기기에 복사해 넣어 보는 경우였고, 스트리밍으로 영상을 보는 것은 여러모로 보아 쉽지 않은 시기였다. 사람들이 영상 콘텐츠, 특히 스트리밍 영상 콘텐츠를 휴대폰으로 더욱 오랫동안 소비할 수 있는 시기로 접어들자 사람들은 조금 더 진지하게 영상 콘텐츠를 대할 수 있게 되었다.

　두 번째 단계는 '감동을 주는 영상'을 원하던 시기다. 이때 사람들에게 '그래 심심풀이로 영상을 보고 깔깔거리고 웃고 카톡으로 공유하는 것. 문제없어. 그런데 뭔가 마음속에 남는 영상도 보고 싶어. 감동도 받고 싶어'라는 각성이 일어나기 시작했다. 소비자들의 온라인 콘텐츠에 대한 니즈 변화를 가장 먼저 감지한 곳은 다름 아닌 '기업'이었다. 그 후로 유튜브에는 기업이 만든 '감동 영상'으로 넘쳐났다. 기업들은 온라인 동영상 콘텐츠로 프로모션 하려면 예외 없이 '감동을 주는 영상'을 만들겠다고 생각하기 시작했다. 바로 이 지점에서 '공감'이라는 화두가 다시 대두되기 시작한다.

　그러나 어느 순간부터 시청자들은 기업이 주도하여 만든 '감동 영상'이 가공된 사실을 바탕으로 한다는 것을 깨닫기 시작했다. 기업에서 제작하는 영상은 필연적으로 '판매'를 전제로 하고 그것이

제품이건, 브랜드이건, 캠페인이건 시청자들을 특별한 목적지로 끌어가야 하는 분명한 목적이 있다. 눈물 콧물 흘리며 영상을 봤더니 구강 세정제 구매나 암 보험 가입을 권유하면서 영상이 마무리되면 시청자들 기분이 마냥 흡족하진 않게 마련이다.

그래서 세 번째 단계로 시청자들은 그 감동이 '진짜 감동'이었으면 좋겠다고 바라게 된다. 그것을 나는 '진심'이라고 함축적으로 정의할 수 있다. 문제는 진심을 담은 '진짜 감동'은 사실 기업은 감당할 수 없는 분야라는 점이다. 기업의 존재 이유 자체로 기업이 만드는 영상은 '진심'을 논하기엔 너무나 거리가 멀기 때문이다.

그렇다면 이 시대 사람들이 원하는 '진짜 감동'은 누가 줄 수 있을까? 다름 아닌 여러분이다. 일상 속에서 아무런 이해타산 없이 자신의 이야기를 풀어가는 영상제작자야말로 세 번째 '진짜 감동'이라는 것을 이야기할 수 있는 사람들이다. 그것이 바로 오늘날 우리가 일상을 소재로 나의 인생과 가족의 사랑을 이야기할 충분한 이유가 된다.

제4장

어떻게 설득할까

시청자의 성향 파악하기

앞서 영상이란 시청자를 전제로 한 창작활동이라고 이야기했다. 보고 듣는 사람이 있다는 것은 말하는 사람이 분명히 전달해야 할 메시지가 있다는 뜻이다. 우리는 메시지의 효과적 전달이라는 목적을 달성하기 위해 영상을 만든다. 메시지 전달의 목적은 여러 가지가 있을 수 있다. 정보 전달, 행동의 변화를 끌어내기, 웃음이나 감동 주기 등 다양한 목적이 영상을 만드는 이유에 포함되어 있다.

이제부터 이 모든 것들을 하나로 뭉뚱그려 '설득'이라는 단어로 표현해 보겠다. 영상제작은 시청자를 설득하는 창작활동이다. '시청자를 설득'한다는 목적을 달성하기 위해 가장 먼저 할 것은 무엇일까? 그것은 바로 시청자가 누구인지 파악하는 것이다. 대상을 정해 놓아야 영상에서 취할 태도를 결정할 수 있다. 물론 말처럼 쉽지는 않다. 그래서 처음 영상제작을 시도하는 사람이라면 자신과 같은 나이면서 비슷한 생각과 성향을 지닌 사람들을 타겟으로 영상을 만들어 보면 좋다. 자신을 시청자로 설정하여 영상을 만드는 셈이다. 더 좋은 방법을 찾는다면 이런 방법도 있다. 내가 속해 있고 나와 같은 관심사를 공유하는 회사, 학교, 동아리 등을 위한 영상을 만들어 보는 것이다. 오랫동안 내가 속해 있던 그룹의 니즈와 성격은 이미 잘 파악하고 있으므로, 영상을 구상하고 만들기 위한 사전 준비단계 시간을 획기적으로 줄일 수 있다. 그뿐 아니라 만들어야 할 영상에서 어떤 것들이 중요하고, 또 무엇을 생략해야 할지 알 수 있다. 구성원들 사이에서만 아는 은어, 구성원들이 최근에 중요하게 생각하는 이슈 등에 대한 정보까지 이미 알고 있으니 영상제작을 시도할 만한 최적의 대상이라 할 수 있다.

내가 처음으로 만든 영상은 대학을 휴학하고 임시직으로 일하던 디자인 교육센터를 소개하는 '홍보영상'이었다. 지금 보면 내 실력이 저 정도까지 '저퀄'이었나 싶을 정도로 한심해 보이지만 나름대로는 최선을 다해 만든 것이었다. 내가 일하는 곳이었기 때문에 나는 조직의 가치와 인터뷰에 참여하는 이들의 면면과 특징, 직원들의 기호 등에 대한 정보를 많이 알고 있었다. 그러니 영상에 넣고뺄 것들이 생각보다 쉽고 자연스럽게 머릿속에서 정리되었고, 기본적으로 화면에 자신이 나오면 재미있어하는 사람들의 본능까지 더해진 덕분에 내 영상은 교육센터의 휴게실에 있는 모니터에서 온종일 반복해서 상영될 만큼 큰 '반향'을 불러일으키기도 했다.

이렇게 최대한 손쉽게 시청자들이 누구인지 파악할 방법을 찾아

아날로그 필름메이커

영상을 만들라고 권하는 이유가 있다. 영상제작자에게 가장 중요한 자산은 자신의 영상이 얼마나 그럴듯하게 시청자에게 영향을 끼치는지 확인하는 순간의 경험들이기 때문이다. 이것을 나는 '설득의 경험'이라고 부르고 싶다. 바로 이 경험들이 영상제작자를 자신 있게 앞으로 나아갈 수 있게 하는 결정적 밑바탕이 된다. 자신의 영상을 보고 한바탕 웃거나 눈물 흘리는 이들이 있으며, 내 영상을 통해 유용한 정보가 전해졌다는 피드백과 함께 실제로 시청자들의 반응을 직접 보는 것은 영상제작자에게 매우 중요한 경험이다. 이 과정이 반복되면 궁극적으로 자신만의 강점을 발견할 수 있다.

설득의 경험을 축적하라

영상제작자로 15년 가까이 보낼 수 있었던 결정적인 이유가 어쩌면 처음 만들었던 영상을 통해 얻은 '설득의 경험' 때문일지도 모른다. 그것은 영상제작자에게 일종의 보상이며 다음 영상을 만들 수 있게 하는 마중물과도 같다. 만약 내 첫 영상을 보고 사람들이 뜨뜻미지근한 반응을 보였다면 더는 영상을 만들고 싶지 않다고 생각했을 수도 있다. 그런데 내가 만든 영상을 내가 좋아하는 것만큼 다른 누군가가 좋아해 주는 경험을 하지 못한다면, 마치 내 안에 불타오르는 영상제작이라는 엔진에 더는 공급할 연료가 없어져 버린 것과 같은 상황이 될 수도 있다.

　내 영상이 실제로 사람들 사이에서 영향력을 끼치는 것을 확인하게 되면 조금 더 대담한 도전을 할 수 있게 된다. 다음 단계는 바로 '불특정 다수'를 시청자로 전제하고 영상을 만드는 것이다. 그 '불특정 다수'는 나와 공통된 관심사를 공유하지 않은 그야말로 '미지의 시청자'다. 이런 미지의 시청자들이 잔뜩 포진하고 있는 곳이 바로 유튜브다. 따라서 우리가 이들을 위한 영상을 만들겠다고 결정했으면 유튜브 시청자가 누구인지 알 필요가 있다. 대체 이들은 누구일까?

앞서 유튜브 이전의 미디어를 편의상 올드 미디어라고 불렀다. 지금 생각해 보면 재미있던 것 한 가지는, 몇몇 올드 미디어 영상물은 시청자보다 제작을 의뢰한 고객사의 관점을 우선하여 만들어지기도 했다는 점이다.

예를 들면 회사의 홍보영상이라고 해보자. 그런 영상은 대개 기업의 창립기념식이나 정례조회, 혹은 연말 종무식 등에서 사원들을 모아 놓고 큰 스크린에 상영된다. 이 영상을 만들기 위해서는 일단 회사의 3대 가치, 5대 실천사항, 2020 비전 같은 슬로건 등을 영상에 꼭 넣어야 한다. 이유는 단 한 가지다. 행사장에 '대표이사님'이나 '회장님'이 오시기 때문이다. 이 얼마나 심플한 영상 기획인가? 원래 5분 정도로 계획했지만, 5대 실천사항의 네 번째 항목에 회장님이 더 보강할 내용을 언급하시면 영상의 러닝타임은 6분, 7분으로 늘어나기도 한다. 이렇게 회장님의 니즈에 충실히 만들어진 이 영상은 현장에서 '강제로 착석 당한' 수백 명의 사원을 상대로 대형 스크린을 통해 시청이 '강요'된다. 재미? 홍보영상은 애사심으로 보는 것 아니었던가? 누군가의 6~7분이 그렇게 사라져 버린다. 이런 유의 영상은 애초에 시청자들을 설득한다는 개념이 장착되지 않은 영상이다. 저 멀리 이글거리는 태양이 수평선 너머에서 떠오르며 'XX그룹 2050 비전을 위해 뛴다!' 같은 자막이 지나가고, 시종일관 흥분되고 벅찬 감정에 젖은 성우의 내레이션과 함께 행사장은 뜨겁게 불타오른다.

TV는 또 어떤가? TV와 영화라는 매체의 차이를 한 문장과 몇 개의 단어로 구분하기가 쉬운 일은 아니지만, 개인적으로 두 매체의 가장 큰 차이를 한 문장으로 이렇게 정리해 본 적이 있다.

'TV는 시대의 현실을 반영하고, 영화는 시대의 욕망과 이상을 반영한다.'

그런 면에서 나는 CF라는 미디어에 대해 관심이 많다. CF는 대체로 TV 플랫폼에 종속되어 프로그램들 사이의 한정된 공간에서 짧고 굵은 메시지로 특정 기업의 제품과 브랜드, 캠페인에 대해 시청자를 '설득'하는 도구다. CF는 최근까지도 '필름'으로 촬영하고 편집된 가장 '영화적'인 미디어이기도 하다. 전략적인 메시징 기법이 사용되며 감각적인 화면과 디자인 덕에 같은 플랫폼에 속한 여타의 TV 프로그램들보다 더 높은 기술적, 심미적 완성도를 자랑한다. 가장 TV적이면서 동시에 가장 영화적인 미디어인 CF는 과연 어떤 방식으로 시청자들을 설득할까?

올드 미디어가 설득하는 방식

나는 TV CF의 설득 방식을 '환각제 기법'이라고 이야기하고 싶다. 일단 CF 속 세상은 처음부터 끝까지 비현실적이다. 그곳에 등장하는 이웃과 직장동료는 대개 선남선녀. 집은 호화를 넘어 '극호화'에 가깝고, 그곳에 사는 사람들은 감정이 '과잉'된 상태다. 지극히 현실적인 생활을 그리는 것 같지만 실상은 전혀 현실적이지 않은 세상. 나는 CF 속 세상이 마치 마이클 베이 감독의 영화 〈아일랜드〉에 등장하는 공간인 '아일랜드'와 같은 곳이라고 생각한다. 지금은 공기가 오염된 큰 캡슐 세상 속에 갇혀 사는 신세이지만 우리도 선택받으면 끝없이 펼쳐진 초원이 있는 꿈과 낙원의 '아일랜드'로 갈 수 있다!

정수기를 예로 들면 CF 속 세상에서는 잔디와 숲이 거실 통유리 너머로 끝없이 펼쳐지고, 최고급 원목 선반 위에 정수기가 놓여있다. 세탁기는 어떤가? 말끔하게 차려입은 남녀가 백옥처럼 하얀 거실에 서 있고, 햇살을 받은 세탁기 하나가 그들 사이에서 밝게 빛난다. 이유를 알 수 없는 행복감이 그 두 사람을 에워싸고 있다.

광고는 화면의 면면을 가장 고급스럽고 아름답게, 최신의 유행에 맞는 것들로 채운다. 시청자들은 그 제품을 사면 자신도 그런 세상에 도달할 수 있을 것 같은 착각을 무의식적으로 자신에게 계속 투사한다. 이러한 설득의 전략은 수십 년간 광고 시장에서 그 효과가 입증되었고, 올드 미디어가 시청자를 대하고 설득하는 가장 성공적인 방식으로 인정받고 있다.

올드 미디어의 방식으로 뉴미디어 시장에 뛰어든다면

통상 이런 영상은 초대형 프로덕션이나 거대 산업 자본과 함께 하는 영상 전문가 그룹에 의해 만들어진다. 이들은 언제나 자신감 넘치고 매뉴얼에 충실하며, 무엇을 해야 할지 잘 알고 있으면서 동시에 그 분야를 독점하고 있다. 이들이 그동안 시청자들을 설득해 온 방식과 문법 그대로 뉴미디어 시청자, 즉 유튜브로 대변되는 온라인 기반의 시청자를 대상으로 영상을 만든다면 어떤 일이 벌어질까? 다행인지 불행인지 공교롭게도 실제로 그런 일이 일어났고 그 사례를 소개해 보려 한다.

앞서 유튜브를 기반으로 한 시청자들의 시청 패턴에 관한 이야기를 했다. 심심풀이용으로 재미있는 영상을 시청하던 시청자들의 각성이 '보다 의미 있고 감동적인 영상'을 요구하는 방향으로 영상 제작 환경의 변화를 만들어 냈고, 그 변화를 가장 먼저 감지한 곳이 기업이었다는 얘기 말이다. 가슴 뭉클한 '화면 연출'은 올드 미디어 제작자들에게 '전매특허'나 다름없다.

그래서 '유튜브를 잘 알지는 못하지만' 마침 요즘 유튜브에 감동 영상이라는 이름으로 기업들이 영상을 만들어 올리는 분위기이다 보니, A 기업 역시 이런 콘텐츠를 제작한 후 유튜브에 올려 자사의 제품을 프로모션 해보자고 내부적으로 의사결정이 있었던 모양이다. 이게 광고나 홍보의 개념으로 분류되다 보니 자연스레 자신들이 평소 같이 일하고 있는 광고 홍보를 전담하는 외주 프로덕션으로 제작의뢰가 들어갔을 것이다. 몇 차례의 기획 및 제작 회의 끝에 전략이 나오고 시나리오가 나왔다. 그렇게 영상이 제작되고 유튜브에 공개되었다.

음식 유통을 전문적으로 하는 A 기업의 '즉석밥' 프로모션을 위한 영상의 주인공은 회사에 다니는 20대 후반의 여자 사원이다. 바쁘고 치열한 회사 생활이 반복되고 으레 그렇듯 때때로 걸려 오는 어머니의 전화는 잘 받지 못한다. 항상 바빠서 그런 건 아니다. 어떤 때는 동료들과 맛있는 음식점 이야기를 하기도 하고 수다도 떨고 하니 말이다. 바쁜 일상 속에서 어느덧 어머니와는 자연스레 어느 정도 거리를 두게 된 딸. 어느 날 야근까지 한 늦은 퇴근길, 주인공은 피곤한 몸을 이끌고 집으로 들어온다. 아무도 반기지 않는 불 꺼진 집 현관에 다다르자 이게 웬일인가? 신발이 깨끗이 정리된 게 아닌가? 낮에 누군가 다녀간 것이 분명하다. 아니나 다를까. 어머니가 다녀갔다. 냉장고 안에는 어머니가 가져다준 밑반찬이 가득하고 전자레인지 옆에는 즉석밥이 층층이 놓여 있다. '밥 거르지 말고 먹어라'라는 어머니의 따뜻한 메시지 하나를 읽으며 주인공은 감동의 눈물을, 그리고 어머니에게 신경 쓰지 못한 무심함에 대한 후회의 눈물을 흘린다. 전화를 하며 모녀는 다시 사랑을 확인하고 즉석밥이 가족의 사랑을 연결하는 메신저가 된다는 내용이다.

여기까지는 사실 아무런 문제가 없다. 이야기의 흐름이 흠잡을 데 없이(오히려 너무 정석에 가까운 스토리 전개이기까지 하다) 무난하고 군더더기도 없다. 이 영상은 공개되자마자 수많은 '뉴미디어 시청자'들의 '맹공'에 시달렸다. 그리고 급기야는 채널 관리자가 제품에 대해 부적절하다고 판단되는 댓글을 삭제하는 일까지 발생했다.

도대체 어디에서부터 잘못되었던 걸까? 대체 어떤 일이 벌어졌는지 차근차근 이야기해보자. 결론적으로 영상의 실패는 뉴미디어 플랫폼 시청자들이 어떤 영상을 소비하는지에 대해, 다시 말해 뉴미디어 시청자들이 누구인지에 대한 정확한 파악을 하지 않고, 그저 자신들이 예전부터 해왔던 방식이 유튜브 시청자에게 유효할 것이라 여긴 '타성'이 빚은 참사였다.

뉴미디어 시청자들은 누구인가? 그들은 무엇보다 최우선의 가치를 '공감'에 둔다. 공감은 시청자가 영상에 대해 긍정적인 반응을 보일 수 있게 하는 '최소한의 요건'인 셈이다. 다시 말해 시청자는 공감을 불러일으키지 못하는 영상은 아예 거들떠보지도 않는다. 나를 그리고 내가 속한 집단과 공동체를 대상으로 시청자의 범위를 확장하고, 궁극적으로 미지의 시청자를 대상으로 영상을 기획한다면 최대한 많은 사람이 공유하는, 생각의 교집합이 가장 넓은 주제로 이야기를 풀어야 한다.

그런 주제는 어떤 것들이 있을까? 모든 이들이 경험하고, 소유하고 있는 것. 이를테면 사랑, 가족, 일상 같은 것들이다. 이 주제들은 지구상에 살아가는 거의 모두가 경험적으로 공유하고 있는 가치다. 미지의 시청자들은 일상에서 '소확행'을 느끼는 사람이고, 가족에 대한 '애증'을 가지고 있다. 대부분 직장이나 학교에서 사회활동을 했거나 하고 있고, 누군가를 사랑했거나 사랑하고 있고 사랑하고 싶어 한다. 이처럼 거의 모든 사람이 공통으로 가지고 있는 주제하나를 붙들고 시작하는 게 최선이다. 그 이야기는 앞서 강조한 '공감'을 바탕으로 전해야 한다.

'공감'을 어떻게 규정할 수 있을까? 모든 영상이 사람들의 무릎을 '탁' 치게 만드는 통찰을 전해줄 필요는 없다. 모든 영상이 엄청나게 깊숙이 숨겨진 정보나 어마어마하게 사회적 파장을 일으킬 쇼킹한 주제를 던져줄 필요도 없을뿐더러 가능하지도 않다. 뉴미디어 시청자들에게 불러일으킬 '공감'은 앞서 말한 일상의 평범한 주제를 바탕으로 시청자의 마음을 우리 쪽으로 잠시 움직이게 만드는 '최소한'의 감정이다. 누군가 영상에 공감했다는 것은 적어도 그 영상의 이야기가 시청자들에게 이해되고 받아들여졌다는 의미이다. 시청자가 완벽하게 동의하거나 생각이 바뀌지는 않겠지만, 영상제작자가 영상을 통해서 그려내고 전달하려는 메시지에 적어도 '그렇게 생각할 만하지'라고 여기게 만드는 것이다.

목표는 '최소한의 문턱' 넘기

그렇기에 A 기업 즉석밥 영상의 실패 원인에 대해 분명하게 말할 수 있다. 이 영상은 아래와 같은 이유로 '최소한의 공감'의 문턱조차 넘지 못했기 때문이다.

첫째, 주인공의 직업. 영상 안에서 주인공이 일하는 곳은 '대기업'이다. 통유리로 파티션이 되어 있는 널찍하고 밝은 사무실. 캐주얼한 세미 정장을 입고 댄디한 스타일의 동료직원들과 어우러져 지내는 여유 넘치는 사무실의 모습을 통해, 주인공이 고스펙의 성공한 직장인이라는 이미지가 화면 안에 가득 그려진다. 주인공이 귀가하는 늦은 밤 집 주변은 잘 꾸며진 산책로처럼 고즈넉하고 여유롭고 아름답기까지 하다. 주인공은 단아한 정장에 하이힐을 신고 걷고 있다.

이런 주인공의 모습에 대체 무엇을 느껴야 할까? 고개를 갸우뚱거리게 된다. 오늘날을 살아가는 대부분 현대인은 박봉의 월급과 불안한 고용상황, 그리고 가끔은 적막하고 무서운 밤길을 뛰어가야 하기 때문이다. 성공한 대기업 직장인이 주인공이라는 설정 자체가 공감의 전반부를 날려 먹은 것이다.

둘째, 주인공이 사는 집. 주인공은 어떤 이유에서인지 부모님과 떨어져 살고 있다. 자세한 내막은 알지 못하지만 혼자 자취를 하고 있음이 분명하다. 주인공이 집에 들어서자마자 언뜻 보기에도 4인 가족이 살아도 충분할 것 같은 넓은 거실이 화면에 들어온다. 정확히는 모르겠지만 정면의 식탁과 화면 너머로 보이는 소파와 에어컨은 적어도 싸구려처럼 보이지는 않는다. 한마디로 주인공은 '엄친딸'이었던 것이다! 서울에서 일하는 딸을 이렇게 넓은 아파트에 혼자 머물 수 있도록 할 만큼의 경제적 여유가 있는 집안. 주인공은 대기업에 다니고 집안의 배경도 좋은 '엄친딸'이다. 그런 주인공이 어머니가 써 놓은 작은 사랑의 메시지에 감동하여 눈물을 떨군다? 이 지점에서 나는 되묻고 싶다. 부족한 것 없이 자라 원하는 것은 다 얻을 수 있었고, 그래서 지금은 누구나 부러워하는 직장에 다니고 있는 것처럼 보이는 주인공이 흘리는 눈물에 공감을 보일 시청자가 과연 몇 명이나 될까?

화면 속에서 눈물을 흘리고 있는 저 사람이 나와 다르지 않다는 동질감에서 공감을 느낀다. 하지만 이 영상은 시청자와 주인공을 의식적으로 분리했고, 시청자들이 다니고 싶은 회사에 다니는 것으로 설정했다. 어디서 많이 본 문법 아닌가? 그렇다. TV를 틀면 나오는 정수기, 세탁기, 냉장고 CF에서 보이던 문법이다. '나도 저 주인공이 되고 싶다. 주인공이 즉석밥을 먹는구나. 그럼 나도 저 즉석밥을 먹으면 주인공 같은 삶을 살 수 있게 되는 걸까?'라는 전형적인 올드 미디어 방식의 설득 기술이 총동원되어 만든 '대참사'였다.

셋째, 왜 어머니는 즉석 밥을 놓고 갔는가? 가족과 어머니의 사랑을 대표하는 최고의 선물은 어머니가 정성껏 준비해 주시는 소소한 한 끼의 식사다. 나는 그런 면에서 식품 회사가 온라인 영상 플랫폼에서 전달할 수 있는 메시지는 수없이 많다고 생각한다. 차라리 어머니가 주인공을 기다렸다가 맛있는 식사 한 그릇을 준비하는 장면이었으면 어땠을까? 어머니가 차린 한 그릇이 그리운 이 시대의 수많은 혼밥족, 그중에서도 부모님 곁을 떠난 직장 초년생들에게 어머니의 마음으로 즉석밥을 준다는 메시지가 더 설득력 있고 따뜻하지 않았을까? 그 어떤 어머니가 집 떠난 자녀가 끼니를 거르지 않기를 바라는 마음을 즉석밥 세트로 표현한다는 말인가?

이렇게 시청자들이 도대체 누구인지, 그들은 어떤 이야기를 듣고 싶어 하는지를 파악하지 못한 영상이 만들어졌을 때 일어나는 상황에 관해 이야기했다. 다음으로 정확히 반대편에서 전혀 다른 관점으로 이미 수많은 시청자의 공감을 받은 사례를 소개해 보려 한다.

태국생명보험의 숏필름 광고 전략

이야기의 주인공은 태국의 '태국생명보험'이라는 기업이다. 일개 보험사에 지나지 않았던 이 회사는 십 년간의 노력 끝에 '태국 기업 온라인 바이럴 캠페인의 필드 매뉴얼'을 완성했다 해도 과언이 아니고, 현재 태국에서 미디어 회사로서 입지를 다지고 있다. 2014년에 업무차 태국에 두 번 방문한 적이 있었는데 그때 현지 코디네이터를 통해 이 회사에 대해 처음 알게 되었다.

동남아시아의 나라들이 대개 그렇듯 태국은 우리에게 그다지 많이 알려지지는 않았지만 내가 직접 현지에서 체감한 바로는 온라인 시장의 규모는 물론이고, 콘텐츠 소비자의 충성도 등 모든 면에서 대략 3~4년 이상 우리나라를 앞서는 것처럼 보인다. 그 배경에는 여러 사회 경제적 요인들이 있겠지만 무엇보다 중요한 점은 태국 기업이 우리 기업보다 훨씬 이른 시기에 온라인 콘텐츠의 시장성을 인지했다는 데 있다. 그들은 영상 콘텐츠를 활용한 바이럴마케팅 전략을 일찌감치 실행하고 있었다. 내가 태국생명보험에 주목한 것은 이 회사가 기민하고 발 빠른 태국 기업의 온라인 프로모션의 '시조'였기 때문이다. 이들은 '보험 판매'에 대한 사회적 편견이 존재하고 있다는 점을 인정하고, 부정적인 인식을 개선할 장기 플랜을 시작하였다.

태국생명보험이 주로 제작한 영상은 '숏필름'으로 4~5분 정도 길이의 단막극 형태를 취하고 있다. 주인공의 면면을 보면 흥미롭다. '청각 장애인 아빠와 딸', '암에 걸린 엄마를 위하여 구걸하는 아들', '청소부 엄마'. 거리를 지나다 보면 한 번쯤 맞닥트려 봤음 직한 평범한 얼굴의 배우들이 등장하여 일상 속에서 서로를 향한 사랑과 믿음에 관해 이야기한다. 한 번쯤 나에게 일어났을 법한, 그리고 주변 누군가의 이야기라도 될 수 있는 평범한 이야기이다.

태국생명보험은 의도적으로 이 지점을 노린 듯도 하다. 어떻게든 사람들의 돈을 빼먹으려 한다고 인식되는 보험회사가 이렇듯 친밀하게 소시민 가족 간의 사랑을 이야기하기 시작하고, 오랜 기간 일관된 캠페인 전략으로 끌고 갈 수 있었다는 것을 보면 말이다. 이들의 진심이 조금씩 전달되자 사람들은 어느 시점부터인가 반응하기 시작했다. 물론 잘생긴 배우들이 좋은 집에서 펼치는 이야기도 재미있지만, 이렇게 평범한 사람들의 이야기가 주목받고 마음을 움직일 수 있던 이유는 이 기업이 '공감'에 대한 놀랍도록 명민한 통찰력을 가지고 있었기 때문이다. 10년이 지난 지금 태국 기업들은 자사의 제품과 브랜드를 홍보하기 위해 캠페인 전략을 수립할 때 거의 다 '평범한 사람들의 이야기를 담은 숏필름'을 가장 우선순위에 둔다. 바로 태국생명보험의 효과다.

나는 한국으로 돌아와 태국 기업들의 온라인 프로모션 사례를 더 수집하고 그들의 영상과 사회적 맥락의 상관관계를 정리하여 하나

아날로그 필름메이커

의 제안서를 만들었다. 태국생명보험 캠페인 전략을 우리나라 기업에 반드시 적용해보고 싶다는 열망이 있었다. 직접 고객사들을 찾아다니며 관련 내용을 설명했고 담당자들을 설득해 나갔고, 마침내 한 대기업이 제작을 결정했다.

그러나 당시만 해도 한국은 기업들 사이에서 '감동 영상' 열풍이 여전히 식지 않던 시기였다. 기업들은 숏필름으로 프로모션에 성공해 본 경험이 전혀 없었다. 그러다 보니 안전한 길을 선택하는 것이 어쩌면 당연했다. 너도나도 감동 영상을 외치는 와중에 숏필름 제작을 담은 제안서를 들고 갔으니, 우리나라 기업이 받아들이기에는 쉽지 않았던 것 같다. 아직 국내 시장에서 검증된 사례도 없었고, 국내에서는 최초로 시도하는 사례가 될 터여서 담당자가 느끼는 부담이 만만치 않았기 때문이었다.

결과적으로 내가 정말 원하는 방식과 포맷의 숏필름을 국내에서 작업할 수 있을 때까지는 4년이라는 시간이 더 필요했다. 어느 법률가 그룹에서 내게 의뢰하여 제작한 숏필름이었는데 이 영상은 모두 유튜브에 공개되었고 별도로 광고를 하지 않고도 두 영상 모두 20만 조회수라는 성과를 올렸다. 2014년에 품었던 열망을 4년이 지나서야 끝내 내 손으로 이룰 수 있게 된 것이다.

공감의 정도를 평가하는 방법

영화 〈아폴로 13〉은 내가 좋아하는 영화 중 하나이다. 비록 '아폴로

13호'는 사고로 달 착륙에 실패했지만 승무원 전원이 무사 생환해서 '성공적인 실패'로 알려진 사건이다. 〈아폴로 13〉에서 톰 행크스가 열연한 짐 러벨은 전직 전투기 조종사였다. 러벨이 우주에 표류하며 생사가 불확실한 상황에서 그의 예전 인터뷰 영상이 TV를 통해 전국에 방영되었다. 인터뷰의 내용은 이랬다. 전투기를 조종하면서 죽음과도 같은 어둠 속에서 계기판이 고장 나 하늘과 지상의 구분조차도 불가능한 죽음 직전의 공포스러운 상황에 내몰렸다. 방향을 알지 못한 채 어디론가 곤두박질치고 있던 그 순간 한쪽 어디선가 빛이 들어오는 것을 느꼈고, 고개를 들어 그쪽을 살폈을 때 그곳에는 장엄한 아침의 태양이 있었다. 러벨은 태양을 기준점 삼아 극적으로 무사히 귀환할 수 있었다.

뜬금없이 왜 전투기 이야기냐 할 수 있지만, 나는 만들고 있는 영상이 방향을 잃어버리거나 기획 의도를 잃어버리는 수많은 사례를 접하면서 이것이 계기판이 고장 난 비행기와도 같다는 생각을 해왔기 때문이다. 많은 초보, 아니 심지어는 프로 영상제작자도 그들이 만드는 영상이 일관성뿐만 아니라 처음 계획과 의도에서 너무 많이 벗어나 변색되거나 탈색되는 경우가 심심찮게 발생한다. 처음의 기획 의도와 타기팅한 시청자들에게 얻고자 하는 설득의 결과와 반응들. 이 모든 것을 뚝심 있게 끝까지 지켜나가는 것은 칠흑 같은 어둠 속에서 옳은 방향으로 나아가려고 사력을 다해 전투기를 조종하는 것과 여러 가지 면에서 비슷하다.

나는 영상을 만들 때 영상의 기획 의도와 목적을 적은 텍스트를 틈날 때마다 들춰본다. 이것이 고객사의 담당자가 만든 것이라면 그것이 최선이지만 그렇지 않을 때는 내가 따로 정리한 뒤, 찾기 쉬운 곳에 놓아두고 틈날 때마다 확인한다. 기획 의도와 목적을 중간중간 점검해야만 영상이 뜬금없이 산으로 가는 일을 막을 수 있다. 별것 아닌 것 같지만 이 작은 차이가 만들어 내는 결과는 실로 어마어마하다.

영상을 제작하다가 쉽게 빠지는 오류 중 하나는 영상의 주제에 과도하게 몰입되어 많은 정보에 노출되다 보니 실제로 그 내용을 전혀 모르는 시청자들이 어떤 느낌으로 영상을 대할지에 대한 감각이 무뎌진다는 점이다. 내가 전하려는 메시지가 정확히 전달됐는지, 내가 원하는 지점에서 적절한 반응이 일어났는지, 모든 것을 제3자의 시선과 관점으로 스스로 객관화하여 평가하기란 불가능에 가깝다. 그래서 내가 선택한 것이 바로 '블라인드 테스트'였다.

2016년 나는 국내에서 가장 큰 화장품 회사의 파트너 영상제작자로 일하고 있었다. 당시 내가 진행하던 프로젝트는 암에 걸린 아내가 각고의 노력 끝에 마침내 암을 극복하고, 아내를 뒷바라지하던 남편이 아내를 위해 작은 이벤트를 열어주는 과정에서 만들어지는 감동의 순간을 영상으로 제작하는 것이었다. 고객사와 나는 영상의 초안을 만든 이후 꽤 많은 수정본을 주고받았는데 그 과정에서 어느 순간 영상에 대한 나의 감각이 무뎌지는 것을 발견했다. 놀랍게도 어느 순간부터 아내의 통곡 장면을 보고 있어도 전혀 슬픈 느낌이 들지 않았다.

나는 최종 완성본을 들고 거리로 나갔다. 지금도 그렇지만 그때도 서초동 사거리에는 커피숍이 많았다. 한입에 먹기 좋은 초콜릿 세트 몇 개를 준비하고 커피숍 한 곳을 선택해 들어갔다. 한쪽 테이블에 자리를 잡고 앉아 주변을 둘러보니 혼자 무료하게 휴대폰을 보며 시간을 보내는 사람들이 있었다. 그런 사람들이 일차적인 목표가 된다. 그들에게 다가가 초콜릿을 내밀고 대화를 시작한다. 대화의 내용은 간단하다.

'영상제작자인데 지금 영상 한 편을 완성했다. 이 영상을 보고 간단한 질문에 대답을 해 줄 수 있겠느냐?'

누군가는 이렇게 반문할 수도 있겠다.

"카톡방 하나 만들어서 아는 지인들 초대한 뒤 영상을 뿌리고 설문을 수집하면 훨씬 수월하지 않나요?"

천만의 말씀이다. 지인에게 영상의 리액션 정보를 얻기 위해 시도한다면 그들 대부분은 무의식적으로 나에게 호의적으로 대답하기 위해 노력할 것이다. 내가 원하는 것은 내 기분을 배려하거나 띄워 주기 위한 칭찬의 말이 결코 아니다. 제작자와의 관계 때문에 필연적으로 존재할 수밖에 없는 편견이 배제된 채 순수하게 콘텐츠 자체를 보고 평가해 주는 '날 선' 말들이 필요한 것이다.

이렇게 요청하면 가끔 거절당할 때도 있지만, 무례할 수 있는 부탁이지만 대부분의 사람은 흔쾌히 영상을 시청해 준다. 이들이 시청하는 영상은 최종본에 들어가는 각종 자막, 고객사 로고 등의 정보는 삭제된 상태다. 나는 이렇게 현장에서 만난 이들에게 "영상을 시청하다가 지루하다고 생각되면 과감히 꺼도 된다. 오히려 그런 선택이 우리에게 도움이 된다."라고 말한 뒤 스킵의 자유까지 허용하며 그들에게 영상을 담은 태블릿을 전달한다. 그러고는 멀찍이 떨어져서 그들의 시청 패턴을 관찰한다. 몇몇 사람들은 눈물을 닦는다. 물론 무표정한 사람들도 있다. 시청이 끝나면 간단한 질문이 이어진다.

· 내용을 한마디로 어떻게 정리할 수 있겠는가?
· 어떤 곳에서 영상을 만들었다는 생각이 드는가?
· 가장 좋았던 부분은 어느 부분인가?
· 잘 이해되지 않았던 부분은 없었나?

이런 방식으로 열 명 정도의 데이터를 모으면 비교적 통일되고 일관된 반응이 수집된다. 그렇게 모인 데이터를 통해 부족한 메시지 전달력이나 명확하지 않은 주제처럼 고쳐야 할 문제점도 찾았고, 창의적인 시청자로서의 제안 같은 쓸모 있는 것들을 많이 얻을 수 있었다. 이 데이터는 고객사 담당자가 팀 내 구성원들과 함께 논의할 근거 자료로 쓰이기도 했다. 이후에 진행한 프로젝트에서는 아예 고객사 담당자 측에서 먼저 블라인드 테스트를 하자고 제안한 것으로 보아 여러모로 효용성이 입증된 방식이라 생각한다.

이 모든 일련의 행동들은 내가 오늘 만들기로 작정한 영상들을 보게 될 시청자들이 누구인가에 대한 고민으로부터 출발하였다. 이

첫 번째 단추를 잘 채웠다면 그 영상은 반드시 옳은 길로 달려가 결국에는 원하는 결과를 만들어 낼 것이다.

제5장

내가 콘텐츠다

〈아날로그 필름메이커〉가 가져다준 자긍심

"형은 유튜브 안 하세요? 채널 시작하면 잘 되실 것 같은데."

꽤 오래전부터 유튜브라는 플랫폼의 잠재력에 대해서는 익히 들어 왔지만, 주로 소비자의 입장이던 내게 어느 날 후배 한 명이 이런 말을 했다.

후배가 진심으로 나의 성공을 확신하기 때문에 한 말 일리는 없었다. 그냥 이런 저런 이야기를 하나가 무심코 던진 말이었다. 그런데도 후배의 말은 꽤 오랫동안 머릿속에 맴돌았다. 내가 유튜브 채널을 만들면 어떤 채널일까? 당연히 영상을 만들고 편집하는 것에 관해 이야기하는 채널이 될 터였다. 결심이 선 후, 이제 더는 유튜브에서 단순한 소비자일 수 없는 내가 '시장 타당성 조사'나 '경쟁사 현황 파악'을 하는 심정으로 유튜브를 둘러보니 이미 국내외 수많은 영상제작자의 채널과 콘텐츠로 넘쳐나고 있었다.

유튜브는 얻고 싶은 거의 모든 정보가 널려 있는 보물창고다. 무엇보다 카메라로 영상을 촬영하거나 편집하는 모든 단계의 튜토리얼 영상이 이미 가득했다. 한 유튜버의 채널에는 관련 콘텐츠 수백 개가 올라와 있었다. 내가 채널을 개설하여 영상에 관한 콘텐츠를 만들면 기존 유튜버들과 콘텐츠가 겹칠 거라는 생각이 먼저 들었다. 대형 유두버들은 거의 다 '부지런하기까지' 하니 애초에 경쟁이 될 리가 있나 싶었다.

이런 이유보다 내가 시작도 하기 전에 좌절감을 느낀 진짜 이유는, 유튜브 영상 관련 크리에이터들 상당수가 놀랍도록 뛰어난 실력을 갖추고 있었기 때문이었다. 몇 년 전 내가 유튜브 필름메이커에 대해 주목하게 만든 영상제작자가 있다. 필름메이킹에 대해 관심 있는 이들 대부분은 브랜든 리Brandon li를 꼽겠지만, 나는 레오나르도 달레산드리Leonardo Dalessandri를 떠올린다. 그가 만든 〈터키의 망루Watchtower of Turkey〉라는 영상을 보고 굉장한 충격을 받은 기억이 있다. 그 영상은 3분 정도의 시간에 현재 사용할 수 있는 거의 모든 촬영기법을 다 '쏟아 부은' 영상이라고 해도 과언이 아니었다. 알 듯 모를 듯한 영상제작자의 메시지들이 타임랩스, 스피드 램핑 등 화려한 영상촬영, 편집 기법과 결합하여 매우 강렬한 여운을 남겼다.

'필름메이커 채널을 운영하려면 이런 영상을 만들어야 하나?'

시작도 하기 전에 위축되는 느낌이었다. 엄두가 나지 않았다. 직업이 영상제작자이고 직업적 '소양'을 잘 발휘하면 충분히 좋은 콘

아날로그 필름메이커

텐츠를 만들 수 있겠다고 생각했지만, 실제로 의미 있는 첫걸음을 내딛는 데는 많이 주저했다.

어쨌든 우여곡절 끝에 채널의 첫 영상을 만들어 업로드했다. '초보 영상제작자가 흔히 가지는 편견 네 가지'라는 제목의 영상이었다. 첫 영상을 올리면서 한 명의 구독자가 생기면 그때 두 번째 영상을 올리리라 결심했다. 첫날 조회수가 3회가 나왔다. 그렇게 나쁘지 않은 영상인데 결과를 보니 초라하기 짝이 없었다. 그렇게 매일 2~3회씩 조회수가 올라가니 일주일이 넘어도 조회수 100회를 넘기기 어려웠다. 2주 넘게 시간이 흐르자 드디어 고대하던 첫 번째 구독자가 생겼다.

채널을 시작한 지 약 2년이 흘렀고 돌이켜 보았을 때 기간에 비해 업로드한 영상이 많지 않은데도 불구하고 꽤 많은 사람이 구독자가 되어 주었다. 이 기간에 나에게 의미 있는 변화들이 많이 찾아왔다. 영상제작자로서 유튜브를 바라보는 나름의 관점이 생겼고 더 많은 영역에서 기회가 열렸다. 이런 내용을 지금 이렇게 책으로 쓸 수도 있게 되었다. 무엇보다 〈아날로그 필름메이커〉라는 채널이 나에게 준 큰 선물은 나의 강점에 대해 주목해 주는 사람들이 생겼고, 나 스스로가 이 부분에 대해 조금 더 큰 자긍심을 가지게 되었다는 점이다.

유튜브는 인류가 만들어 낸 가장 공평한 플랫폼이라는 생각이 든다. 유튜브는 한편으로는 자기 성장과 성찰에 관한 이야기이기도 하다. 그동안은 세상이 요구하는 그럴듯한 사람이 되어야 한다고 생각했다. 실제로 그렇게 교육받았고 그래야만 행복할 줄 알았다. 그런데 유튜브에서만은 그렇지 않았다. 내가 누구이건 혹은 어떤 직업의 사람이건 내 이야기를 마음껏 할 수 있는 공간이 있고, 그렇게 나에 관한 이야기나 진짜 나의 모습을 보여주면 그것을 진심으로 좋아해 주는 사람들이 생겼다.

유튜브를 통해 깨달은 평범하지만 놀라운 사실은 우리 모두 자신만의 강점이 분명히 존재한다는 것이다. 우리 각자가 좋아하는 분야는 매우 독특한데 유튜브 채널을 운영함으로써 그 분야에 대해 더 많이 관심을 두게 되고 더 많이 알게 되며 심지어 그 분야에 대한 통찰력을 얻을 수도 있다. 그동안은 그것이 무엇이었건 간에 그냥 내 안의 관심과 취미로만 머물러 있었다. 그런데 유튜브는 본격적으로 우리 모두를 '창작자'로서 이 세계에 초대한다. 그래서 여러분의 관심 영역과 그에 대한 통찰을 많은 사람과 나누게 만든다. 그 과정을 통해 우리는 더 의미 있는 개인의 성장을 경험하고 새로운 기회들을 얻을 수 있게 된다.

유튜브에서는 '내'가 먹힌다

이렇게 채널을 운영하면서 나는 영상을 배우려는 이들부터 영상을 실제로 만들며 채널을 운영하는 사람들에 이르기까지 수많은 사람의 피드백을 받아왔다. 그래서 경험적으로 영상을 배우려고 하는 이들의 몇 가지 일관된 패턴을 알게 되었다.

첫째, 이들 중 상당수는 여전히 촬영·편집 기술에만 목말라 있다는 것이다. 이것이 나쁜 것은 아니다. 다른 어떤 분야도 마찬가지이겠지만 영상은 너무나 큰 영역이어서 매일매일 배우고 익히는 것이 절대적으로 필요하다. 하지만 많은 사람이 트렌디한 촬영과 편집 기술을 배우려고 한다. 그 때문인지 나는 최근 영상제작자들의 영상제작 패턴이 다소 획일화되고 있다는 생각이 든다. 화면과 화면이 서로 겹치며 만들어지는 트랜지션이나 움직임이 느려졌다 빨라졌다 하는 스피드 램핑 등 뭔가 하나의 정답을 정해 놓고 그것이 더 나은 방식이라는 생각을 만들어가고 있는 것 말이다. 물론 영상제작에 스킬이 필요하기도 하다. 내가 생각하는 문제점은 이렇게 하나의 스타일과 방식이 유행이라고 해서 모두가 따라 하기에는 우리 각자는 셀 수 없이 많은 서로 다른 분야의 재능과 표현력을 가지고 있다는 것이다.

일단 카메라를 들고 다니며 많이 찍어보고 또 많이 편집해 봐야 한다. 그래서 자신이 재능 있는 영역과 자신만이 가진 표현력의 특징을 빨리 발견해 내는 것이 필요하다. 그러한 작업 없이 유행하는 트렌드만 좇다보면 정작 기쁘고 즐겁게 만들어야 할 영상작업이 힘들고 버겁게 느껴질 수 있다. 내가 처음 유튜브 채널을 개설할 때 망설였던 것도 사실 이점과 연관이 있다. 나는 최근에 유행하는 유의 과감한 카메라 워크와 시원시원한 편집 기법에 재능이 없는 사람이다. 그 트렌드를 하나의 정답으로 여기고 영상제작을 시도했다면 어느 정도 더 배워서 점점 나아지긴 했겠지만, 정작 나 자신을 보여줘야 할 유튜브 채널에서 내 안에 감춰진 진짜 재능을 펼쳐 보일 기회만 늦추고 있었을지도 모른다.

강점에 주목하자

영상제작을 위해 카자흐스탄에서 1주일간 머문 적이 있었다. 러시아 노보시비르스크, 카자흐스탄 알마티, 외스케멘을 거쳐 자동차로 장장 여덟 시간을 더 타고 이동해 몽골 국경에 인접한 작은 사슴농장 마을에 도착했다. 현지인의 이야기로는 내가 그 마을을 방문한 최초의 아시아인이라고 한다. 자연환경이 얼마나 스케일이 큰지 마을 쪽에서 바라보이는 거대한 산을 '언덕'이라 불렀다. 말이 좋아 언덕이지 실제로는 거대한 산기슭 넓은 곳에서 사슴들이 방목되고 있었기 때문에 나는 마을에서 드론을 띄워 산 중턱 어딘가에 있는 사슴 떼가 뛰어다니는 모습을 찾아서 찍어야 했다. 그런데 산에 도달하고 본격적으로 '사슴 수색'을 시작하려고 하는 찰나에 이미 드론의 배터리 부족 경고가 뜨기 시작했다. 탁 트인 개활지에서 드론은 생각보다 먼 거리를 날아갔던 것이다. 어쩔 도리가 없어 산의 초입까지 직접 차를 끌고 가서 그쪽에서 드론을 날리는 것으로 문제를 해결했다.

한국에서는 볼 수 없는 광대한 스케일의 대자연 속에서 인공사료 없이 방목되는 사슴과 녹용에 관한 이미지 영상을 제작하는 프로젝트의 기획단계에서, 나는 한 번쯤 앞서 언급한 트렌디한 제작기법을 사용해 볼까 고민해 보기도 했다. 카메라가 회전하고, 슬로비디

아날로그 필름메이커

오로 갔다가 갑자기 빨라지고, 다이나믹한 하이퍼랩스 화면이 펼쳐지는 그런 장면 말이다. 그러나 곧 그건 나의 욕심이라는 생각이 들었다. 그냥 내가 가장 잘할 수 있는 방식으로, 내가 가장 잘 표현할 수 있는 방식으로 영상을 만드는 게 가장 좋은 방법이라 생각하기에 이르렀고 담담하게 나만의 스타일로 영상을 제작했다. 고객사는 결과물에 대해 매우 만족했다.

우리는 자신의 약점에 대해 주목하기는 쉽지만, 얼마나 많은 강점을 가졌는지는 간과하는 경우가 많다. 자신에 대해 꼼꼼히 살펴보면 생각보다 많은 강점이 있음을 깨닫게 된다. 사람마다 스타일이 있고, 그걸 강점으로 삼아 영상으로 이야기를 풀어나가는 것이 가장 좋은 방법이다. 자신의 강점과 재능을 찾았다면 만들고자 하는 영상과 가장 유사한 성격의 유튜브 채널을 찾아보는 것을 추천한다. 그 채널의 영상들을 본격적으로 파고들면 된다. 그렇게 하면 우리가 시도해 보려는 영상제작은 아주 오랫동안 기쁘고 행복한 여정이 될 수 있을 것이다.

영상을 배우려고 하는 이들의 두 번째 패턴은 촬영 장비와 편집 소프트웨어에 지나치게 집착한다는 것이다. 나는 한번 구입한 촬영 장비와 편집 소프트웨어, 컴퓨터를 오래 사용하는 편이다. 그런데 최근에 카메라를 하나 새로 샀다. 그 이유는 지금까지 쓰던 카메라가 사용할 수 없게 되어서 어쩔 수 없었을 뿐이지 그렇지 않았더라면 사지 않았을 거다. 요즘 영상촬영에 있어서 필수품이 되어 버린 짐벌이나 슬라이더 같은 특수장비들도 마찬가지이다. 나는 그다지 신제품에 영향을 크게 받는 스타일이 아니다. 굳이 제품을 사야 한다면 최신 버전 이전의 버전을 사는 것도 괜찮다고 생각한다. 촬영 장비와 특수장비들이 버전 차이에 따라 그렇게 사양이 많이 달라지는 않는다고 믿기 때문이다.

이미 상향 평준화된 수많은 촬영 기기가 있고 짐벌에도 무수히 많은 브랜드의 제품이 있다. 나의 취향과 주머니 사정에 따라 제품을 구매하는 것이 가장 좋은 선택이라고 본다. 반박의 여지가 없는 정답을 가진 제품은 없다. 오히려 예뻐 보이는 카메라, 내가 좋아하는 브랜드를 장비 구매의 조건으로 삼아도 나쁘지 않다고 본다. 어차피 영상을 만드는 일은 즐거워야 하는데 영상을 촬영하러 나갈 때 보기만 해도 기분 좋아지는 카메라를 들고 나간다면 어떤 면에서 촬영 시간을 보다 긍정적으로 만들어 줄 수도 있기 때문이다. 그렇다면 카메라나 기타 촬영 장비는 언제 교체하는 것이 가장 좋을까? 앞으로 이 부분에 대해 더 이야기할 시간이 있으니 한마디로 이야기한다면 다음과 같다.

"지금 가지고 있는 카메라로 내 영상제작 인생의 최고의 순간을 경험하고 난 후 바꾸라."

많은 사람이 카메라를 바꿀 때 카메라가 자신의 영상제작 실력을 확 바꾸어 줄 것이라는 막연한 환상을 가지고 있는 것 같다. 카메라를 바꾼다고 해서 그런 일이 일어나진 않는다. 반대로 말하면 아무리 낡고 오래된 카메라라 할지라도 우리가 준비되어 있다면 얼마든지 최고의 순간을 담아낸 좋은 영상을 만들어 낼 수 있다.

아날로그 필름메이커

문제를 외부에서 찾지 말고 내 안에서 찾아야 그때부터 개선의 가능성이 생긴다. 지금 이 시간에도 카메라와 촬영 장비를 바꿀 것을 고민하는 사람들이 있다면 스스로 물어볼 필요가 있다. "지금 내가 가지고 있는 장비로 나는 충분히 제작자로서 기쁨과 성공을 경험했는가? 그래서 더 나은 기쁨과 성공을 위해 다른 장비가 필요한가?" 우선 중요한 것은 무엇을 찍을지 정하는 것이다. 그래야 무슨 장비가 필요한지를 결정할 수 있는데, 이건 생각해 보면 바지 안에 속옷을 입는 것만큼이나 자연스러운 일이다.

　영상제작의 모든 과정에서 짐벌이 사용될 수는 없다. 만일 누군가가 '이번 영상에서는 짐벌을 사용해야 한다'라는 것을 먼저 정해 놓아 버리면, 영상의 내용과 성격에 상관없이 영상의 시작과 끝 모든 순간에 계속 화면이 좌우로 움직이는 우스꽝스러운 영상이 만들어질 것이다. 어떤 경우에는 핸드헬드 샷이, 또 다른 경우에는 움직임이 없이 삼각대로 세워진 샷이 필요한 경우가 있다. 정적인 인터뷰 촬영인데 초소형 미니 짐벌을 단 액션캠을 세워 놓고 찍는 것도 어색하기 마찬가지다. 장비를 사기 전 꼭 이런 질문을 던져보자.

　"무엇을 만들 것인가?"

제6장

영상제작자는
스토리텔러다

영상제작은 스토리텔링이다

어린 시절부터 글을 쓰는 것을 좋아했다. 내 글이 사람들에게 반응을 일으키고 영향력이 생기는 것에 매력을 느꼈다. 대학에 다닐 때 모 일러스트레이트 잡지의 객원 편집장이 되었는데, 그때 내가 감당하 기에는 과분했지만 글쓰기와 관련하여 아주 귀한 경험을 했다. 나는 잡지사의 쟁쟁한 필진 사이에 끼어 대중문화를 논하기도 하고 매체 를 비평하기도 했다. 무식하면 용감하다고 지금 생각해 보면 참으로 대책 없이 용감했던 시절이었다. 이렇게 나는 평생 글을 쓰는 사람이 될지도 모르겠다고 생각하던 찰나에, 운명 아닌 운명으로 어느 순간 영상의 매력에 빠져 지금껏 영상제작자의 길을 걷고 있다.

나는 생각과 감정을 글이 아니라 영상으로 표현하기로 했을 뿐이 다. 매체만 바뀌었을 뿐 전달하려는 메시지는 그대로일 수도 있다. 최근에 사람들이 많이 이야기하는 단어 중 하나가 바로 '스토리텔링'이다. 아주 광범위한 의미로 사용되는 이 용어는 누군가에게는 효과적인 프레젠테이션 도구나 스피치 기법으로 이해되고, 누군가에게는 제품 광고를 위한 전략적 의미로도 사용된다.

이런 관점에서 나는 영상을 만드는 것 역시 스토리텔링이라고 말하고 싶다. 조금 더 구체적으로 말하자면 영상제작자는 모두 스토리텔러다. 그렇다면 우리는 어떻게 효과적인 스토리텔링을 할 수 있을까?

스토리가 있는 사과

스토리텔링에 관해 이야기할 때 언제나 떠올리는 '사과 이야기'가 있다. 어느 길거리 양쪽에 두 개의 가판대가 있다. 두 가판대 모두 사과를 판매한다. 둘 다 같은 과수원에서 수확한 똑같은 품질의 사과다. 그런데 두 가판대는 서로 다른 방법으로 사과를 팔고 있었다. 한쪽 가판대에서는 사과의 품질이 얼마나 좋은지, 얼마나 달고 맛있고 건강한 식품인지 이야기한다. 가격도 하나에 단돈 천 원밖에 하지 않는다. 또 다른 가판대에서는 조금 독특한 방법으로 사과를 판매하고 있었다. 그 사과는 빨간 리본으로 묶여 반짝거리는 포장지에 두 개씩 포장되어 있는데, 거기에는 '사랑의 사과'라는 스티커가 붙어 있었다. 상인은 자신이 파는 사과에 대해 이렇게 목소리를 높였다.

"이 사과로 말씀드릴 것 같으면, 사과를 재배한 과수원 부부가 금실이 얼마나 좋은지, 부부의 사랑을 받아 무럭무럭 자란 사랑의 사과입니다. 혹시 이 중에 커플이 계신가요? 이 사과를 반드시 드십시오. 그렇다면 올해 꼭 좋은 사랑의 열매들을 맺을 것입니다. 혹시 누군가에게 사랑을 고백하고 싶으신가요? 프러포즈를 계획 중이신가요? 그런 용도로도 안성맞춤!"

그렇게 사랑의 사과라고 이름 붙인 사과는 옆의 가판대 사과보다 두 배나 비싼 가격에 판매되고 있었다. 몇 시간이 흘러 거리에는 더 이상 인적이 없는 깜깜한 밤이 되었다. 과연 어떤 사과가 더 많이 팔렸을까? 결과는 놀라웠다. 사랑의 사과라고 이름 붙여진 가판대의 사과가 의미 있는 숫자 차이로 더 많이 팔린 것이다. 이런 일이 대체 어떻게 가능했던 것일까?

사과에 대한 또 다른 이야기가 있다. 일본의 어느 시골 마을. 쉴 틈 없이 불어 닥친 태풍과 가뭄 탓에 그해 사과 농사는 최악으로 치닫고 말았다. 과수원의 사과나무에 달려 있는 사과는 거의 찾아보기 힘들었고 태풍으로 인한 강한 바람 때문에 대부분 떨어져 바닥에 뒹굴고 있었다. 모두가 실의에 빠져 있을 때 한 농부가 과수원을 살피다가 나무에 매달려 있는 몇몇 사과를 보고 아이디어 하나를 생각해 냈다. 그 농부는 그 사과들을 따서 정성스럽게 포장을 한 뒤, 포장 위에 큼지막하게 스티커를 붙였다. '합격 사과'. 그러고는 그해 대입 시험을 준비하는 전국의 고3 수험생을 대상으로 판매하기 시작했다.

"역대 최고의 태풍과 쓰나미가 몰려왔던 올해, 비바람을 견뎌내고 나뭇가지에 붙어 있던 사과들을 모았습니다. 이 사과를 통해 전국의 모든 수험생을 응원합니다."

이 사과는 어떻게 되었을까? 날개 돋친 듯 팔렸고, 결국 그해 농부가 속한 지역의 최고 특산물이 되는 기염을 토했다. 제대로 양분을 공급받지 못해 맛과 당도가 시원찮았을 그 사과가 이렇게 히트 상품이 된 것은 대체 무엇 때문일까?

이 두 가지 사례의 공통점이 있다. 가판대의 상인과 과수원 농부는 물건을 팔면서 '이야기'도 함께 끼워 팔았다는 것이다. 그 '이야기'에 사람들이 반응했다. 도대체 이야기가 무엇이기에 그런 힘을 가지게 되는 걸까? 이야기는 그 시대 사람들의 마음속을 관통하는 '정서적 공감'과 맞닿아 있다. 사람들은 이야기가 필요하다. 사람들은 그렇게 만들어진 이야기로 자신만의 이야기를 재생산하고 싶은 욕망이 있다. 그런 사례는 무수히 많지만 몇 가지만 살펴보려 한다.

스토리는 언제 스파크를 일으킬까

오늘은 결혼기념일이다. 하필 어제 아내와 말다툼을 해서 냉전 중이다. 회사를 마치고 집으로 가려는데 저 멀리 가판대에서 사과를 팔고 있다. '사랑의 사과'라는 이상한 이름의 사과. "이 사과를 선물하시면 올해 멋진 사랑이 이뤄지고, 더욱더 금실이 좋아지실 겁니다!"라고 목청껏 외치는 판매자의 목소리에 이끌려 남편은 사랑의 사과를 한 봉지 산다. 그러고는 사진을 찍어 인스타그램에 올린다. '오늘은 변변치 못한 남편이지만, 이 사과의 힘을 빌려 우리 부부의 사랑이 더

욱 굳건해지길 소원합니다. #사랑의사과 #두봉지를사면어떤일이벌어질까'

누군가를 짝사랑하는 어느 여성도 가판대를 지나치다 발걸음을 멈췄다. 마음속의 남성을 떠올렸다. 그녀는 사과 한 봉지를 산 뒤 페이스북에 사과 반쪽 사진과 함께 셀피를 올린다. '보고 있나요. 당신? 이 사과의 다른 한쪽은 당신 거랍니다.' 쓸쓸한 듯 옅은 미소를 짓고 있는 그 사진 밑으로 친구들의 많은 격려가 주렁주렁 달리기 시작한다.

'합격 사과'를 인터넷에서 발견한 한 엄마는 굳이 그 사과를 주문했고 지루한 배송 절차를 견디고 드디어 사과를 손에 얻었다. 먹음직스럽게 사과를 잘라 몇 달 후 대입 시험을 치르기 위해 늦은 밤까지 공부하는 아들의 방문을 두드린다. "자, 한입 먹어봐. 엄마가 사진 하나 찍어 둘게." '찰칵'. 남들은 과목마다 학원을 보내고, 고액 과외를 시키는 부유한 부모덕에 좋은 성적을 얻기도 한다지만, 그렇게 해주지 못하는 부모의 마음을 이해하는 속 깊은 아들. 집에서 혼자 잠을 잊고 공부하는 아들에게 주는 합격 사과에는 엄마의 아주 소박한 마음이 담겨 있다. 이 사진을 페이스북에 올리면 어떤 일이 벌어질까? 주변의 수많은 사람으로부터 끝없는 격려 메시지를 받게 될 것이다.

스토리텔링의 힘을 앞서 든 몇 가지 에피소드를 통해 조금은 실감했으리라 생각한다. 사과 판매자는 평범한 사과에 아주 간단한 이야기를 끼워 팔았을 뿐이다. 그 이야기는 각자 누군가의 삶 속으로 스며들어가서 그들만의 또 다른 이야기를 만들어 내기 시작한 것이다. 사람들은 이야기에 목말라 있다. 그리고 이야기를 통해 자신의 삶 일부에서 접점을 찾으면 그것을 통해 나만의 이야기로 재생산해 내려는 본능을 가지고 있다. 그래서 이야기를 찾는 데 골몰한다.

'사랑의 사과'라고? 누군가가 가판대로 달려와 판매자의 멱살을 잡는다. "어디서 사랑의 사과라고 사기를 쳐. 이게 사랑의 사과인지 검증한 적 있어?" 웅성웅성. 이 남자는 사랑의 사과는 사기라며, 자신이 시험해 봤더니 전혀 효과가 없었다며 손해 배상을 하라고 소리를 고래고래 지르고 있다. 사랑의 사과를 파는 현장에서 과연 이런 일이 벌어질까? 예상컨대 아마 그렇지는 않을 것 같다. 아니, 실제로 그런 일은 벌어지지 않는다. 그 이유는 사과를 파는 사람이나 사과를 사가는 사람이나 모두 이 이야기가 진실이 아니라는 것을 처음부터 잘 알고 있기 때문이다. 이 이야기에서 진실이냐 거짓이냐는 중요하지 않다. 그보다 이것이 우리에게 이야기할 '거리'를 줄 수 있느냐 아니냐가 더 중요하다.

제품을 판매하는 판매원도, 어떤 캠페인을 전개하는 마케터도, 영상제작자도 자신의 제품과 자신의 캠페인에 생명력을 불어넣을 수 있는 '이야기'들에 집중하기 시작한다. 누군가 만든 이야기가 사람들의 공감을 불러올 수 있다면, 그와 관련된 무수히 많은 이야기가 만들어지고 사람들의 마음을 뜨겁게 붙잡을 수 있을 것이다. 그래서 이야기는 될수록 많은 사람이 공감할 수 있는 주제와 대상으로 만들어진다. 동서고금을 막론하고 가장 사랑받은 고전 작품 속 이야기의 주제는 무엇인가? 바로 사랑이다. 그리고 가족이다. 착한 사람들이 인정받고 악한 사람들이 벌을 받는 아주 기본적이고 원초적인 권선징악을 주제로 한 이야기들이 우리의 본능 속에서 꿈틀대고 있다.

스피커, 관찰자, 기만자

앞서 영상제작자는 자신의 의도와 상관없이 이미 스토리텔링을 하고 있다고 했다. 그래서 우리는 "스토리텔링을 합시다!"라는 이야기가 아니라 어떻게 하면 스토리텔링을 잘할 수 있을지에 관한 이야기를 해야 한다. 영상을 만들고 영상제작자가 되기로 결심한 사람들 대다수는 편집 툴과 촬영기법 등에 대해서 먼저 관심을 가지고 그것들부터 배우려고 하는 경향이 있다. 사실 그것은 올바른 접근 방향이 아니다. 편집의 방향과 촬영의 형태는 모두 이야기가 정해지고 난 뒤에 결정되는 것들이기 때문이다. 이야기가 정해지지도 않았는데 촬영 장비와 편집 방향을 먼저 결정해 놨다는 것은, 어떤 음식을 만들지 결정도 하지 않았는데 음식 재료를 미리 준비해 놓은 것과 마찬가지다.

나는 내가 나름대로 정한 방식으로 '영상 스토리텔링'을 한번 규정해 보고 싶다. 이는 영상제작자가 영상 안에서 어떤 포지션에 있을지를 기준으로 구분한 것이다. 첫째는 스피커고, 둘째는 관찰자다. 마지막으로 셋째는 기만자다. 물론 상황에 따라 더 많은 포지션을 만들어 낼 수 있기도 하고 가끔은 두 가지 이상의 포지션이 중첩되어 나타나는 경우도 있지만, 일단은 이 정도로 정하고 이야기를 풀어가 보자.

우선 스피커는 대다수 영상제작자가 취하는 방식이다. 스토리텔링에 대한 별다른 고민이 없는 사람, 혹은 초보에서 숙련된 영상제작자에 이르기까지 손쉽게 스피커 포지션으로 영상을 만들 수 있다. 이 영상에서 영상제작자는 말하는 사람 자신이다. EBS의 〈지식채널ⓔ〉의 경우를 보자. 교육, 역사, 시사 등 문화 전반을 대상으로 특유의 독특하고 날카로운 시선으로 주제를 풀어내는 능력이 탁월한 이 프로그램은 전형적인 '스피커'형 영상이다. 영상에서 이야기를 이끌어 가는 사람이 바로 영상제작자다. 개인적으로는 아주 만들기 쉬운 영상 중 하나다. 영상을 만든다기보다 차라리 글쓰기에 가까운 형태이기 때문이다. 전달하고 싶은 내용을 글로 작성해 놓고 글의 내용과 부합하는 영상의 내용을 짜 맞추어 넣기만 하면 되니 말이다. 누구나 도전할 수 있고 누구나 쉽게 메시지 전달력을 높일 수 있는 '가성비 좋은' 형태이다.

한 가지 예를 더 들어보자. 어느 실용음악과의 교수님이 제자들을 위한 영상을 제작하기로 했다. 교수님은 학생들을 너무나 사랑해서 그들이 졸업을 앞두고 졸업연주회를 준비하는 모습을 사진으로 찍어왔다. 사진을 모아 졸업연주회 마지막 부분에 영상 편지처럼 띄워 제자를 사랑하는 마음을 담아 보여주고 싶었기 때문이다.

아날로그 필름메이커

이 경우 아주 직접적인 스피커형 영상이 만들어진다. 영상을 만드는 사람인 교수님이 영상을 시청하는 학생들에게 직접 전달하는 메시지가 담기기 때문이다.

영상은 대략 이런 구조를 가지게 될 것이다. 영상이 시작하면 처음 입학할 때 학생들의 모습이 따뜻한 배경음악과 함께 사진으로 보인다. 어색하지만 풋풋한 모습을 한 새내기 학생들의 모습이 지나가면 검은색 배경에 자막이 등장한다.

'너희들과의 첫 대면은 서로에게 어색하기만 했지'

그러고는 점차 학교생활에 적응하며 열심히 합주하고 레슨을 받는 학생들의 사진이 지나간다. 또다시 자막이 등장한다.

'함께 웃고 울며 지났던 시간들, 내 마음에 항상 걸렸던 너희들, 가끔은 아프고, 기쁘고, 이런 감정들이 뒤섞인 너희들과의 추억'

이렇게 사진과 자막이 몇 번 반복되다가 영상은 학생들의 졸업이라는 새 출발을 축하하고, 추억과 열정을 자양분 삼아 각자의 자리에서 멋진 사람으로 성장하라는 당부로 마무리된다. 어떤가? 글로만 전해도 따뜻하고 아름다운 영상이 될 것 같다. 이런 영상은 특별히 어려운 기술이 들어가는 것도 아니고 누구라도 쉽고 부담 없이 도전해 볼 만한 전형적인 스피커형 영상이다.

앞서 말했듯 이런 이유로 많은 영상제작자가 이 포지션에서 영상을 제작한다. 그러나 스토리텔링의 관점에서 보면 창의력을 발휘하기에는 매우 제한된 영상의 형태다. 어쩌면 스피커형 영상은 스토리텔링에 있어 가장 날 것인 상태, 가장 기초적인 단계라고 할 수 있겠다. 우리는 이런 주제의 영상을 가지고 더 창의적인 스토리텔링을 할 수 없을까?

더 창의적인 영상 스토리텔링을 고민하고 있다면, 영상 안에서 제작자의 포지션을 스피커에서 '관찰자'로 옮겨볼 것을 권해본다. 스피커형 영상에서는 교수님이 스피커였기 때문에 1인칭 시점이었다면, 관찰자형 영상에서는 영상제작자가 관찰자로 바뀌는 것이다. 그렇다면 앞선 영상과 내용은 같겠지만 제작자는 제3자의 관점으로 학생과 교수님 서로를 관찰하는 태도로 영상을 만들어 본다는 점에서 차이가 생긴다. 예를 들어보자.

첫 화면에서는 사진관의 사진 출력기가 빠르게 돌아가고 있다. 사진들이 바구니 위로 떨어지고, 교수님은 학생들의 출력된 사진들을 훑어보고는 흡족한 미소를 띤다. 교수님이 사진관을 나와 집에 있는 자신의 작은 서재로 들어왔다. 미리 사둔 두꺼운 빈 앨범 하나를 책상 위에 올려놓고, 교수님은 학생들의 사진을 하나하나 앨범에 꽂기 시작한다. 볼펜을 손에 들고 학생들의 사진이 빈 앨범 페이지에 하나씩 꽂힐 때마다 사진 옆에 작은 메모를 남기기 시작한다. '김xx, 마음이 여린 녀석'. 네다섯 명이 어깨동무하고 개구쟁이 같은 표정으로 찍힌 사진에서는 '우리 과의 독수리 오형제. 언제나 친구들을 도왔던 해결사들'. 이렇게 사진마다 교수님의 코멘트가 정성스럽게 달린 장면, 학생들의 사진과 따뜻한 표정으로 이 사진들을 바라보고 있는 교수님의 표정이 햇살 가득한 서재의 따뜻함과 함께 녹아든다. 사진을 모두 앨범에 다 꽂은 교수님은 앨범의 맨 앞

아날로그 필름메이커

에 제목을 적는다. '나의 전부였던, xxx 대학교 2021년 졸업생들' 이렇게 적힌 앨범이 서재 한쪽 벽면을 가득 채운 책꽂이 한가운데 꽂힌다. 화면은 점점 멀어지며 찬란하고 감동적인 음악으로 영상이 마무리된다.

분명 전달하려는 메시지는 같지만, 스피커가 관찰자의 관점으로 바뀌면 전혀 새로운 영상이 만들어진다. 작은 변화 덕분에 더 호소력 있고 담백한 스토리텔링이 이루어지는 것을 느낄 수 있다. 여러분이 만들어 왔던 영상은 어떤 포지션을 취해왔나? 둘 중 하나에 치중한 영상을 만들어 왔다면 포지션을 한 번쯤 바꿔보는 것도 좋은 시도가 될 것 같다. 사실 나는 관찰자의 관점을 매우 좋아하는 편이다. 제작자인 내가 관찰자가 되었을 때 매우 확장력 있는 메시지 전달 기법을 시도해 볼 수 있기 때문이다.

관찰자 포지션에서 영상을 제작하게 될 때 이런 질문을 할 수도 있다. 스피커의 입장에서 직접 메시지를 전달해야 시청자들이 더 강력하고 직관적으로 인지할 수 있지 않을까? 틀린 말은 아니지만 만일 그렇다면 우리는 굳이 영상이라는 미디어를 통해서 스토리텔링을 고민할 필요가 없다. 단순히 연설하는 장면을 촬영해 유튜브에 업로드하면 된다. 그리고 표면적으로는 영상의 옷을 입고 있지만 '연설하는 영상'이 우리가 지금 이야기하는 스토리텔링이라는 관점에서 영상이라고 할 수 있는지도 논란의 여지가 있다.

유튜브 콘텐츠 중에서 가장 인기 있는 포맷 중 하나가 우리나라에서는 주로 웹드라마라고 불리는 숏필름이다. 5분에서 10분가량의 짧은 영상 속에 갖가지 반전과 트릭이 숨어 있다. 예컨대 태국의 CP Brand라고 하는 기업의 숏필름에는 강압적인 엄마와 이것을 견디지 못하는 사춘기 딸이 등장한다. 둘의 갈등이 증폭되어 딸은 결국 가출을 했지만 돈 한 푼 갖고 나서지 못한 탓에 하염없이 거리를 배회하게 된다. 이 사실을 아는 엄마는 애타게 딸의 사진을 든 채 이곳저곳을 헤매며 딸을 수소문한다. 어떤 길거리 음식점 앞에서 엄마는 딸의 사진을 주인에게 보여주며 나중에 이런 여자아이가 나타나면 양파를 뺀 볶음밥 한 그릇을 만들어 달라며 돈을 건넨다. 허기에 지친 딸이 우연히 그 음식점을 지나가게 되고 딸의 얼굴을 기억하고 있는 음식점 주인은 딸에게 볶음밥 한 그릇을 내놓는다. 돈도 없는 자신에게 갑자기 볶음밥 한 그릇이라니? 그런데 음식을 자세히 보니 볶음밥에는 양파가 빠져 있다. 딸이 묻는다. "제가 양파를 먹지 않는다는 걸 어떻게 아셨죠?" 그러자 음식점 주인은 자초지종을 설명한다. 음식을 먹으며 눈물을 떨구기 시작한 딸은 결국 엄마에게 전화를 걸고 영상은 마무리된다.

이 영상을 만든 CP Brand는 태국의 음식 브랜드로 엄마와 자녀 간의 사랑을 이야기하며 음식으로 이야기의 실마리를 풀었다. 갈등과 반전의 이야기 전개가 자신의 기업 이미지와 잘 어우러진 매우 영리한 영상으로, 공개 이후 태국에서 폭발적인 조회수를 기록하며 수많은 사람에게 공유된 영상이다. 이 이야기는 평범하게 볼 수 있는 사춘기 딸과 엄마 간의 갈등과 사랑에 관한 이야기인데 왜 이렇게 정교한 구조가 필요할까? 직접 전달하는 메시지가 더 강력하다고 믿는다면 갈등 관계에 있는 엄마와 딸이 스튜디오에 나와 카메라 앞에서 '인터뷰'를 하면 된다. 얼마나 내가 엄마에게 무심했는지, 내가 딸을 얼마나 사랑했는지 등을 말이다.

앞서 우리는 영상의 미디어적 특성에 관해 이야기했다. '이곳은 우주다'라는 내레이터의 한마디에 순식간에 공간이 우주로 변하는 라디오 드라마는 우리의 경험이 재료가 되어 우주라는 이미지를 마음속으로 투사한다. 내레이터는 한마디를 했을 뿐이지만, 별이 찬란하게 빛나는 환상 속의 우주를 그리는 사람이 있고, 어두침침하고 스산한 분위기의 우주를 떠올릴 수도 있다. 저마다 우주에 대한 경험적 이해가 다르기 때문이다. 영상은 어떠한가? 마치 내 앞에 아이 한 명을 앉힌 뒤 아이의 머리를 잡고 이쪽저쪽, 위아래로 직접 움직여 가며 봐야 할 지점을 일일이 지정해 주는 것과 같다. 가끔은 노란색 안경을 씌워 노랗게 보이게도 하고, 가끔은 꽉 막힌 안대를 씌워 보이지 않게도 한다. 이곳이 우주라면 반짝이는 별의 밝기는 어느 정도인지, 어떤 질감의 허공인지 등 모든 것들을 일일이 영상제작자가 정해 주어야 한다. 이렇게 로봇처럼 이리저리 머리를 움직여 가며 영상을 시청한 사람이 자리에서 일어나며 "와, 정말 신기한 경험이었어요"라고 감탄하게 만드는 강력한 힘으로 시청자들의 시각과 청각을 자신의 의도대로 변화시킬 수 있는 능력을 영상은 가지고 있다. 이 강력한 능력을 최대한 잘 활용하는 것이 스토리텔링의 목표이고 가치다.

온전히 관찰자로서 영상제작자는 영상에서 아무런 이야기도 직접 하지 못하는 걸까? 그렇지 않다. 관찰자로 영상 안에 존재하는 제작자의 무기는 바로 '의미'와 '상징'이다. 앞서 예로 들었던 교수 님이 학생들의 사진을 앨범에 넣어서 서재의 책장 한가운데에 앨범 을 꽂는 영상의 경우 제작자는 어떻게 자신의 메시지를 넣을 수 있 을까? 바로 교수님이 입고 있는 옷의 종류, 앨범의 색깔, 교수님이 사용한 볼펜의 종류, 앨범이 꽂힌 책장 주변의 소품 등이 바로 '의 미'와 '상징'의 도구다. 이를 통해 시청자들은 더 강력한 스토리텔 링의 힘을 경험할 수 있다.

영상 속에서 평범하게만 보였던 펜이 사실은 사고뭉치였던 제자 가 힘들게 아르바이트를 해서 번 돈으로 준비한 선물이라면, 앨범 이 꽂인 책장 한쪽에 과 학생 전체가 보낸 롤링 페이퍼가 붙어 있었 다면, 이는 영상 이후 학생들에 의해 또 다른 이야기로 확장된다. 더 많은 스토리 생산의 실마리가 될 수 있다. 마치 사과에 이야기를 끼워 넣었을 때, 그 이야기들이 또 다른 이야기들을 만들어 냈듯 말 이다.

의미와 상징은 실제로 대부분의 영상제작에 쓰이고 있는 기법이 다. 내가 어느 법률 협회의 영상을 기획하는 단계에서 고객사와 실 제로 주고받았던 내용을 소개해 보겠다. 그 법률 협회의 역사와 전 통을 소개하는 프로모션 영상을 기획하고 있었는데, 최종적으로 뽑 힌 아이디어는 초등학교에서 어린이 한 명이 자기 아버지의 직업 에 관해 이야기하는 것을 소재로 영상을 만들어 보자는 것이었다. 이렇게 기획의 얼개가 나오면 본격적인 스토리텔링 작업이 시작되

아날로그 필름메이커

는데, 이 경우 가장 대표적인 의미와 상징은 '이 초등학생 어린이가 누구여야 하는가?'이다. 스토리텔링에 관한 관심이 지금 같지 않던 과거에는 단순히 잘 나가는 아역 배우나 예쁘장하게 생긴 아이들이 가장 인기 있는 선택지였다. 요즘에는 꼭 그렇지만은 않다.

어린이에게 의미와 상징을 부여하기 위해 구한말부터 시작해 가장 오랫동안 법률 전문가를 해왔던 집안의 증손주를 선택하거나, 혹은 우리나라 최남단의 가장 작은 도시에서 실제로 법률 전문가로 활동하고 있는 사람의 막내를 선택할 수도 있다. 그렇게 선택된 어린이가 영상 안에서 입는 옷과 메는 가방 등 모든 것에 이 법률 협회의 가치와 브랜드 이미지를 투사하게 된다. 이렇게 영상이 공개되면 영상의 스토리와는 별개로 이 어린이에 대한 또 다른 스토리가 시청자들 사이에서 만들어지기 시작하고 그렇게 생성된 이야기들은 다시 우리가 만들어 낸 영상으로 돌아와 메시지를 더 탄탄하고 강력하게 만들어 주기도 한다.

기만하는 사람으로서의 영상제작은 '반전'이라 것으로 쉽게 설명할 수 있다. 제작자가 시청자들을 속여 마지막에 진실을 폭로함으로써 시청자들에게 충격과 전율을 선사하는 구조의 영상이다. 사실 이런 작업이 가능한 것은 앞서 얘기했듯 영상이 가지고 있는 고유의 매체 특성 때문이다. 사람들은 시간의 순서대로 사건을 이해하기 때문에 영상이 재생되는 것을 시간의 리얼타임의 개념으로 인식하며 시청한다. 그래서 누군가 웃긴 얘기를 했을 때 현장에선 폭소가 터졌지만, 또 다른 시간에 촬영된 주변 사람들이 침묵하고 냉

랭한 장면을 이 부분에 끼워 넣어 마치 그 웃긴 얘기가 전혀 사람들에겐 재미없는 상황이었던 것처럼 만들 수도 있다.

시청자는 스크린이라는 제한된 환경에서 제작자가 보여주는 화면만 볼 수 있어서 매우 수동적이고 불리한 위치에 있다. 그래서 영상제작자들은 약간의 트릭만으로도 쉽게 시청자들을 기만할 수 있다. 아주 멋진 별장에서의 일상을 찍어서 따뜻한 음악을 깔아 평온한 분위기를 극대화할 수 있지만, 반대로 스릴러 영화에서나 들을 만한 긴장감 넘치는 음악을 깔아 버리면 순식간에 귀곡산장으로 만들 수도 있다.

흔해 보이는 복도 사진 한 장을 예로 들어보자. 복도를 영상으로 찍어서 사람들에게 보여준다면 사람들은 영상을 보고 어떤 감정을 느끼게 될까? 결론적으로 말하자면 이런 시각 정보만으로는 영상제작자가 전달하려는 명확한 감정을 시청자들에게 주입할 수 없다. 시청자마다 복도에 대해 경험적으로 가지고 있는 이미지가 다르기 때문이다. 어떤 이들에게는 아무런 감정이 없는 공간일 수 있다. 누군가에겐 매우 두려운 공간일 수 있다. 복도에 대해 좋지 않은 추억이 있다면 특히 더 그럴 것이다. 또 다른 누군가는 이곳이 아련한 추억의 장소일 수도 있다. 학창 시절 친구들과 뛰어다니며 놀던 순간을 떠올릴 수 있으니 말이다.

이렇게 시각 정보로만 제공되는 이미지로는 제작자의 명확한 의도를 전달하기 어렵다. 그래서 필요한 것이 음악이다. 얼핏 보면 나른한 오후의 조용한 복도 같아 보이는 이 공간에 우스꽝스러운 음악이나 공포심을 조장하는 음악, 혹은 비장한 음악을 깔면 복도에서 느껴지는 각각의 분위기가 효과적으로 시청자에게 전달된다. 여기에 제작자의 의도가 개입되면 시청자는 기만당할 수 있는 여지가 생기게 된다.

이런 방식으로 제작자에 의해 구조화된 영상이라는 매체는 반전이라는 요소를 적극적으로 활용하여 사람들을 기만한다. 〈유주얼 서스펙트〉와 〈식스센스〉를 비롯해서 무수히 많은 반전 영화를 포함하여 기업과 단체에서 제작한 몰래카메라 영상 모두가 기만이라는 방식을 이용해 시청자들에게 카타르시스를 안겨준다. 위에서 언급했던 CP Brand의 숏필름도 크고 작은 반전 코드를 적극적으로 활용한 사례다.

학생들의 졸업연주회를 축하하는 영상을 만들기 원하는 교수님의 이야기를 기만자의 관점으로 만들면 어떻게 될까? 여러 방법이 있을 수 있으나 스피커 포지션으로 우선 영상 한 편을 만들어 놓는다. 학생들과 교수님과의 졸업 학기 마지막 수업이 있는 날이고, 학생들이 마지막 수업을 하러 강의실에 들어오기 시작한다. 수업은 예정대로 진행이 되었고, 교수님은 졸업을 앞둔 학생들에게 마지막 당부의 말을 전하고 수업을 마무리하려고 한다. 그때 갑자기 전화를 받고 자리를 비우는 교수님. 학생들은 잠시 침묵 속에서 강의실에서 앉아 있다. 그때 강의실 모니터에서 미리 만들어 놓은 1인칭 영상이 상영되기 시작한다. 깜짝 놀란 학생들이 영상을 시청하며 보이는 반응들이 화면에 나오고 학생들은 영상을 보며 지난 학기 자신들의 모습을 떠올리며 감회에 젖는다. 영상이 마무리되어 끝나자 교수님은 아무 일 없었다는 듯이 강의실로 들어온다. 기만당한 현장에 있는 학생들의 예측 가능한 혹은 예측 불가능한 반응이 영상으로 담길 것이다. 눈물을 닦는 학생들을 따뜻하게 감싸 안아주는 교수님과 깜짝 놀랐다며 교수님에게 환한 웃음을 보이는 학생들의 모습. 그런 것들이 화면에 담기며 이 영상도 앞선 스피커나 관찰자 관점의 영상과 더불어 원래의 목적에 부합한 영상으로 만들어지게 된다. 이렇게 기만하는 영상은 영상에 등장한 이들과 시청자를 함께 기만한다. 그 과정을 통해 '사실은 그랬어'라고 메시지의 내용을 교정해줌으로써 충격을 주고 그래서 더 강력한 메시지를 각인해 나가는 것이다.

이렇게 영상을 만드는 다양한 관점과 시도들이 존재한다. 이런 유연한 사고를 통해 자칫 단조롭거나 관성에 젖은 스타일이 될 뻔한 영상들이 생동감을 얻고 파워풀한 메시지를 전달할 수 있도록 탈바꿈시킬 수 있다. 이는 전적으로 영상제작자의 관점에 따라 달라지는 변화다. 무엇보다 이런 작은 관점의 변화는 스토리텔링에 대한 약간의 관심과 노력만으로도 지금부터 당장 실천할 수 있는 수준의 도전이라는 점에서 큰 의미가 있다.

제7장

15년차 영상제작자의
스토리텔링

Why, What, How

　"죄송합니다만 이 영상은 저희의 기획 의도와 다른데요…."

　의뢰를 받은 영상을 만든 후 이런 피드백을 받는 것은 한마디로 재앙이다. 의뢰인과 제대로 소통하지 않았다는 뜻이며, 영상을 만들면서 가장 중요한 의뢰인의 의도에 대해 영상제작자가 전혀 관심을 기울이지 않았다는 의미이기 때문이다.

　상업 영상이라고 해서 기업이나 큰 프로젝트 같은 거창한 종류들만 의미하는 것은 아니다. 내가 만일 친구의 웨딩 영상을 의뢰받아 촬영비를 받았다면 그것도 일종의 상업 영상이다. 고객의 요청사항이나 기획 의도는 기획단계에서 제시된다. 원론적이기도 하고 짧고 간단한 내용이라 할지라도 영상을 기획하고 제작하는 과정 중 수시로 자신이 바른길을 가고 있는지 확인한다면, 최고의 작품은 아닐지라도 장담컨대 절대 실패한 영상은 나오지 않을 것이다.

영상을 제작할 때는 늘 해야 하는 세 가지 질문이 있다. 바로 Why, What, How다. 영상을 만들다 보면 내가 처음부터 기획하고 의도한 메시지를 끝까지 끌고 가는 것이 결코 쉽지 않다는 것을 알게 된다. 그래서 처음과 다른 방향의 결론이 나오거나 기획했던 것과 다른 엉뚱한 결과물들이 만들어지기도 한다. 누군가와 협업을 통해 진행하는 경우라면 예측을 넘어서는 무수히 많은 난관이 기다리고 있을 것이다. 그래서 영상을 만들 때는 언제나 이 세 가지를 잘 적어 두고, 수시로 그것을 체크하면서 제작하는 것이 경험상 매우 도움이 되었다.

앞서 영상제작자들의 궁극적인 꿈에 관해 이야기했다. 그것은 '내가 진짜 만들고 싶은 영상을 통해 내가 영향력을 얻고 그것으로 나의 브랜드를 갖게 되는 것'이었다. 이 얼마나 멋진 일인가? 생각만 해도 근사한 일이 아닐 수 없다. 현실에서 이런 꿈을 이루는 것은 결코 만만찮은 일이다. 나 역시 누군가에게 의뢰받아 만들어야 하는 영상들 때문에 진짜 내가 만들고 싶은 영상이 우선순위에서 점점 밀리기 시작하면서, 어느 순간부터 나의 꿈은 스스로와의 타협을 통해 점점 불가능한 일이 되어버리고 말았다.

그러다가 어느 순간, 작심하고 실행하지 않으면 결코 나의 꿈은 이루어지지 않겠다는 생각이 들어 **과감히 꿈꾸던 일들을 실행에 옮겨 나갔다. 이것이 Why, 왜 영상을 만들었는지에 대한 나의 대답이다.**

이번 장은 스토리텔링에 관한 나의 도전에 관한 이야기일 수도

아날로그 필름메이커

있겠다. 누군가의 간섭, 이 피드백 같은 것들이 내가 만들 영상을 보다 완성도 있고 더 괜찮게 만들 수는 있겠지만, 그 과정에서 재미를 잃어버릴 것만 같았다. 죽이 되든 밥이 되든 오롯이 내가 하고 싶은 대로, 내가 원하는 방식으로 영상을 만들어 보고 싶었다. 이 영상의 성공은 이미 내가 실행하기 시작한 그 순간부터 절반은 이뤄진 것과 같았다. 이것으로 돈을 벌거나 명예를 얻는 것은 매우 부차적인 문제여서 일단 내가 하고 싶은 영상을 기획하고 그것을 인내심을 가지고 마무리하는 것이 이번 프로젝트의 가장 큰 성공 기준이었다.

내가 만들고 싶은 영상은 그래서 유튜브를 통해 만들어졌다(유튜브는 사실상 내가 선택할 수 있는 최고의, 그리고 유일한 선택지였다). 막상 영상을 만들려고 보니 유튜브에 대해 좀 더 깊은 생각을 하게 되었다. 네이버 블로그나 싸이월드가 아닌, 유튜브로 영상을 만든다는 것은 전 세계의 시청자들과 링크되어 있음을 의미했다. 전 세계 모든 사람이 유튜브라는 공간에 모여 있으니 내가 이렇게 전 세계 사람들과 네트워킹되려는 시도는 해볼 만한 가치가 넘치도록 충분히 있었다.

유튜브에 영상을 만들어 오직 한국에 있는 사람들과만 나눈다면, 유튜브라는 큰 날개의 반쪽밖에 쓰지 못하는 것 아닐까? 그래서 아예 영상을 외국에 있는 사람들을 위해, 특정 나라 사람의 언어로 만들어 보기로 했다. 생뚱맞게 들릴 수도 있겠지만 무엇보다 이런 작업이 너무나 재미있어 보였다. 이렇게 만들게 되면 일반적인 영상을 만드는 것보다 두세 배 이상 시간이 소요될 테지만 나의 감정과 생각이 언어의 장벽을 넘어 나와 전혀 관계없는 나라에 사는 누군가에게 전해지고 공감을 얻는다는 것만으로도 충분히 흥분되는 일이라 생각했다.

그 목적을 이루기 위해 지루하고 험난한 과정들을 넘어야 했다. 그러나 그 과정 또한 충분히 즐길 만한 것이었다. 나는 이미 한국어를 태국어로 번역하며 서로 다른 언어를 가진 이들이 같은 마음을 공유해 가는 과정이 얼마나 '재미있는 일'인지를 경험했다. 6~7년 전에 업무차 태국을 두 번 방문한 적이 있다. 그때 경험이 개인적으로 큰 의미가 있었기 때문에 그 후로 내가 잘 알지 못했던 태국이라는 나라에서 영상제작자로서 할 수 있는 것이 없을까 생각해 보았다. 어떤 나라보다 한류 열풍이 거센 도시, 창의성이 넘쳐나는 독특한 미디어 환경, 열정적인 영상제작자들이 유난히 많은 도시이기도 한 방콕이 내 마음을 단숨에 사로잡아 버렸기 때문이다. 하지만 개인의 자격으로 무언가를 시작하고 도전하기에는 난관이 적지 않았다. 그나마 내가 가장 먼저 할 수 있었던 것은 방콕에 있는 거대 미디어 기업의 종사자들에게 전달할, 아이디어가 담긴 제안서를 태국어로 만드는 것이었다.

몇 날 며칠 밤을 새워, 한국어로 된 프로젝트 제안서를 만들어 냈다. 그러고는 제안서를 태국어로 번역을 해야 했다. 그런데 제안서에는 내가 전달하고픈 문자적 의미뿐만 아니라 문장과 문장 사이에 존재하는 다양한 감정적 의미도 포함되어 있는데, 내가 전혀 모

　　　　　　　　　　　　　아날로그 필름메이커

르는 태국어 번역가를 한국에서 만나 번역을 의뢰하면 내가 의도한 의미가 제대로 전달될까 하는 의문이 들었다.

며칠 후 한국어로 된 제안서를 들고 태국 방콕으로 날아갔다. 그리고 방콕의 도심에 있는 TCDC(Thailand Creative Design Center)라는 도서관에서 1주일짜리 게스트 패스를 받아 제안서를 영어로 번역하는 작업을 시작했다. 찌는 듯한 더위가 일 년 내내 계속되는 방콕은 도시 전체가 거대한 찜통과 같았다. 그래서일까? 방콕의 지상철 역마다 대형 쇼핑몰들이 있었고, 에어컨 바람이 '빵빵한' 쇼핑몰 내부에는 교복을 입은 학생들부터 어른들, 가족들에 이르기까지 수많은 사람으로 북적거렸다.

내가 머문 숙소는 방콕 도심의 프롬퐁역 근처에 있었는데 그곳에도 예외 없이 엠포리엄이라는 초대형 쇼핑몰이 있었다. 엠포리엄 쇼핑몰 맨 위층에 TCDC가 있었는데, TCDC는 방콕 외에도 치앙마이 같은 태국 주요 도시에 지점을 두고 운영되는 사설 도서관이다. 태국의 현직 디자이너뿐 아니라, 일반인과 디자이너 전공 대학생 등이 모여 함께 토론하거나, 도서관 구석구석에 아무렇게나 앉아 책을 펼쳐 놓고 열심히 필기하고 사색하는 자유로운 공간이었다.

그곳에서 꼬박 이틀을 작업한 끝에 한국어 제안서 원고의 영어 번역을 마친 나는 제안서 초안을 들고 도서관 주변을 돌아다니며 한두 마디 대화를 걸어 볼 사람들을 물색하기 시작했다. 그러던 중 혼자 물끄러미 먼 산을 바라보는 어떤 남자가 시야에 들어왔다. 그에게 다가가 간단히 내 소개를 한 뒤 제안서를 한 번 읽어봐 줄 수 있겠냐고 정중히 부탁했다. 미덥지 않은 표정으로 대충 쭉 훑어볼 것만 같았던 처음 분위기와는 달리 이내 흥미진진한 표정으로 제안서를 읽던 남자는 급기야 이것저것 궁금한 것들을 물어보기에 이르렀다.

대화가 그럭저럭 훈훈하게 이어질 무렵 나는 용기를 조금 더 내어 그 남자에게 한 가지 부탁을 했다. 제안서의 내용을 태국어로 번역해 줄 수 있냐는 것이었다. 그 남자는 잠시 생각에 잠기더니 제안서 절반을 번역해 주겠다고 약속했다. 뭔가 일이 잘 풀리는 느낌이 든 나는 조금 더 용기가 생겨 같은 방법으로 다른 쪽에 앉아 있던 젊은 여학생에게 제안서를 보여주고 나머지 절반을 번역해 줄 것을 약속받았다.

이렇게 며칠간 이들이 제안서를 태국어로 번역하는 동안 나는 제안서의 디자인을 위한 레이아웃 작업을 할 시간을 벌 수 있었고, 작업이 거의 마무리될 무렵 두 사람의 번역본이 내게 도착했다. 그 번역본을 들고 나는 다시 TCDC의 다른 태국인들을 찾아갔다. 그리고는 번역본의 느낌이 어떤지 물었다. 특정 부분에서 나의 의도가 잘 녹아 들었는지, 반어적 표현을 사용한 부분에서 의도가 잘 드러나는지 등을 말이다. 그렇게 몇 번의 피드백을 주고받으며 마침내 나는 태국어로 된 완성본을 얻을 수 있었다. 마지막으로 도서관의 다른 태국인들에게 소감을 들어보았는데, 출라롱콘 대학에서 물리학 박사과정을 밟고 있다고 자신을 소개한 사람으로부터 '내가 읽었던 태국어 중 가장 아름다운 글'이라는 극찬을 받았다. 이 반응에

166

어안이 벙벙해지긴 했지만 어쨌든 나의 목적이 달성된 순간이었다. 이렇게 만들어진 제안서는 태국의 어느 지상파 방송국의 편성 담당자에게 어렵사리 전달되었고 담당자는 제안서를 무척이나 마음에 들어 했다.

이렇게 서로 알지 못하는 사람들이, 더군다나 언어와 공간이라는 장벽으로 단 한 번의 대화조차도 불가능할 법한 지구 반대편의 누군가와 커뮤니케이션을 할 수 있다는 것만큼 흥미진진한 일이 어디에 있을까? 그래서 나는 이런 경험을 바탕으로 태국의 언어로 태국 사람들에게 말하는 영상을 만들어 보겠다고 결심했다. 아마도 이렇게 만들어지는 영상은 이런 느낌일 것 같다. 이탈리아나 스페인의 영상제작자가 한국인을 위해 한국말로 된 영상을 만드는 것 같은 느낌 말이다. 한국 영상이 분명한데 뭔가 영상의 분위기와 톤이 다르다는 것을 우리는 느끼게 될 것이다. 이 생경한 기분을 태국 사람들이 느꼈으면 좋겠다고 생각했다.

이제 What, 무엇을 말할 것인가에 관해 이야기할 차례다. 내가 선택한 이야기는 바로 '일상'에 관한 것이다. 나는 일상이라는 주제에 대해 자주 생각하는 편이다. 대학생 때까지 나의 일상은 기본적으로 '성장'을 의미했다. 매일매일 미래를 준비하고 무엇을 할지에 대한 기대와 과거보다 더 나은 사람이 되어 갈 것이라는 낙관적인 태도가 기본적으로 내 일상을 구성하고 있었다. 대학을 졸업하고 회사에 취업하고, 내가 원하고 꿈꾸던 것들을 마침내 할 수 있게 된 순간부터 나의 일상에 대한 관점이 조금 바뀌기 시작했다. 그것은 내가 기성세대가 되어 가는 과정에서 느끼는 변화들이었던 것 같은데, 그때 나의 일상은 '허무'와 맞닿아 있었다.

뭔가 새롭고 그럴듯한 미래를 꿈꿔 왔었는데, 원하던 꿈을 이루고 안락함과 안정이라는 것을 얻고 난 후부터는 '이게 전부였던 거야?'라는 생각이 내 마음속을 비집고 들어왔다. '이렇게 결혼을 하고 자녀를 낳고, 승진하고, 점점 늙어가겠구나.' 예측 가능한 미래들이 고속도로 펼쳐지듯 단숨에 눈 앞에 펼쳐지자 아주 깊은 '허무감'에 사로잡혔다. 한편으로 허무의 맞은편에는 정해진 삶들을 받아들이고 순응하는 또 다른 내가 있었다. 또 다른 나는 내가 원래 얼마나 열정적이었는지, 내가 어떤 꿈을 꾸던 사람이었는지를 잊어버리도록 만들고 있었다.

나는 이런 인생에 대한 고민을 꽤 오랫동안 해오고 있었고, 직장을 그만둔 것도, 그래서 1인 영상제작자로 독립하여 나만의 길을 찾겠다고 결심한 것도 모두 이런 고민의 끈과 연결되어 있었다. 케케묵은 공식의 밖으로 뛰어나오고 싶다고 생각했다. 나는 이런 나의 따끈따끈한 관심사를 소재로 영상을 만들어 보고 싶었다. 누군가의 지독히 평범한 일상, 새로울 것도 없고 특별한 일이 없을, 세상에서 가장 평범한 누군가의 일상이라는 잔잔한 호수에 작은 돌을 던져보고 싶었다. 더 이상 열정적이지 않은 사람, 이제 더는 꿈꾸지 않는 그 사람에게 무엇인가 예전의 열정적인 시절로 되돌아갈 기회를 주었을 때, 그가 어떤 반응을 보일지가 궁금했다. 영상을 통해 내가 일상과 인생과 꿈을 바라보는 관점에 대해 사람들과 마음을 공유해 보고 싶었다.

그렇다면 어떻게 만들 것인가? 이 How가 바로 지금 이야기하는 스토리텔링에 해당하는 부분이다. 이제부터 본격적으로 스토리텔링에 관해 이야기를 나눠 볼 것이다. 이런 동기와 이유에 근거하여 영상을 만든다면 여러분은 어떻게 만들 수 있을지 한번 생각해 볼 수 있겠는가? 이런 의견들을 듣고 나누는 것은 꽤 재미있고 유쾌한 과정이다. 말하는 사람 모두 다른 관점으로 주제를 바라보고 저마다의 방식으로 스토리를 전개해 나가니 말이다.

가장 흔하고 손쉬운 방법은 인터뷰를 만드는 것이다. 거리의 쓸쓸한 모습, 혹은 분주하게 길을 걷는 사람들을 배경으로 '여러분에게 일상이란 무엇인가요?'라는 자막을 넣어가며 화두를 던진다. 그리고 고등학생, 대학생, 직장인, 주부 등 다양한 사람들을 스튜디오로 초대해 일상과 꿈에 대해 대답해 보도록 하는 것이다. 의미 있는 대답들이 나올 때도 있고, 어떻게 대답할지 몰라 망설이는 모습도 나올 것이다. 이렇게 사람들의 의견을 모아 적당한 결론을 만들고 제작자의 생각과 잘 어우러지도록 하여 영상을 마무리한다. 꽤 괜찮은 영상이 나올 것 같다. 그렇지만 나는 조금 다른 방법으로 이야기를 풀어나갔다. 이 이야기를 '상자'로 풀어보고 싶었다. 상자는 우리에게 어떤 이미지일까?

우선 상자는 택배의 의미가 있다. 요즘 우리는 택배의 세상에 살고 있다. 상자를 보면 택배가 가장 먼저 생각난다. 택배는 보내는 사람이 있고 받는 사람이 있으며 전달하는 사람이 있다.

상자는 선물의 의미도 있다. 선물은 기본적으로 상자에 담겨 전달된다. 상자를 보면 무의식적으로 그 안에 선물이 담겨 있을 거라 생각한다.

마지막으로 상자는 비밀의 의미가 있다. 상자는 6면체로 사방이 막혀 있다. 일단 밀봉해 버리면 그 안에 무엇이 들어있는지 알 수가 없다. 밀봉된 상자, 열 수 없는 상자, 그 안에는 감춰진 무언가가 있다. 그래서 우리는 무언가를 둘러싸 감춘 비밀로 상자를 이해하기도 한다.

이렇게 세 가지로 대략적인 상자의 의미를 찾아봤다. 상자라는 구조로 이야기를 푼다면 다음과 같은 방식의 흐름이 가능해진다.

택배로서의 상자: 한국인이 태국인에게 상자를 배달하도록 하면 어떨까? 그러려면 한국인 한 명을 선정하여 태국에 사는 미지의 누군가에게 상자를 전달하기 위해 그를 태국으로 보내면 된다. '상자 하나를 전달하기 위해 누군가를 태국으로 보낸다'라는 다소 황당하고 어처구니없는 설정도 마음에 든다.

선물로서의 상자: 선물은 필연적으로 기쁨과 환희, 놀라움을 동반한다. 한국인이 태국인 누군가에게 상자를 줄 때, 그 상자를 연 사람은 예기치 않은 놀라움을 경험했으면 좋겠다.

비밀로서의 상자: 상자 안의 무언가가 어떤 방식으로든 놀라움과

환희를 불러일으킬지라도 상자가 열리기 전까지는 그 누구도 그 안에 무엇이 들었는지 알 수 없도록 하자.

이렇게 상자 하나만으로도 이야기의 뼈대가 완성이 되었다. 이야기는 무척 단순해졌다. 나는 A라는 한국인 남자에게 얼토당토않은 미션을 준다. 상자 하나를 건네고 '태국에 있는 누군가에게 전달하라는 것'이다. A는 다른 어떤 이유도 없이 이 황당한 미션 때문에 태국으로 갈 운명에 처했다. 상자를 받을 사람이 누군지 알 수 없다. 상자 안에 무엇이 들어있는지도 알 수 없다. A는 알 수 없는 어떤 큰 계획의 하나로 상자를 배달하도록 우연히 선택된 것에 불과하기 때문이다. 사람들은 과연 A가 상자를 무사히 태국으로 배달할 수 있을지, 그 과정에서 벌어지는 여러 사건을 겪으며 상자를 받게 될 사람은 누가 될지, 또 상자 안에는 무엇이 들었을지를 궁금해하며 영상을 보게 될 것이다.

스토리 안에 의미와 상징을 이식하는 방법

그렇다면 이제 영상의 제작자인 나는 하고 싶은 메시지를 의미와 상징으로 이 영상의 스토리라인 안에 심으면 되겠다. 어떤 부분에 내가 전하고 싶은 메시지를 넣을 수 있을까?

첫째, 상자를 받게 될 사람이 누구인지로 메시지를 심을 수 있다. 나는 어떤 평범한 사람의 일상으로 들어가 잔잔한 호수와 같은 일상에 작은 돌을 던져보고 싶었던 거다. 그 사람은 평범한 사람이어야 한다. 이 세상 모든 사람은 개개인의 인생 속에서 모두 특별하다. 우리 중 누가 과연 누군가의 삶을 평범하다고 규정지을 수 있을까? 그래서 이 평범한 사람에 대한 정의를 '이름'으로 찾아보면 어떨까? 이름은 부모로부터 부여받은, 나를 향한 부모의 소망과 꿈이 반영된 표식이다. 그래서 부모들은 태어날 자녀들을 위해 특별한 이름을 무엇이라 붙여줄지 고민에 고민을 거듭한다.

영국의 한 지하철역에 서서 "메리 씨 계신가요?"하고 외치면 어떤 일이 벌어질까? 플랫폼에서 걷고 있는 수백 명의 사람 중 많은 사람이 뒤를 돌아볼 것이다. 메리. 메리는 영국에서 가장 평범한 이름 중 하나다. 우리는 평범한 이름을 가진 사람을 평범하게 인식하는 경향이 있다. 그래서 나는 누군가의 평범함을 다름 아닌 그들의 이름에서 찾아보기로 했다. 영국에서 메리가 평범한 이름이라면 태국에선 어떤 이름이 흔한 이름일까? 주변 사람들에게 여러 차례 물어본 결과 태국에서 가장 흔한 이름은 '남Nam'이었다. 방콕에 사는 '남'이라는 이름의 여성이 상자를 받는다면 태국인들은 '평범한 여성이 받는구나'라고 직관적으로 이해할 것이다.

둘째, 상자를 어디에서 받을 것인가로 메시지를 심을 수 있다. 상자가 열리는 곳. 당연히 장소를 심사숙고하여 고를 것이다. 영상의 클라이맥스가 될 것이 분명한데 길거리 아무 데서나 열어볼 수 없는 노릇 아닌가? 나는 상자가 열릴 곳으로 태국 아속역에 있는 쇼핑몰인 '터미널21'로 정했다. 쇼핑몰이 어떤 의미이기에 그곳을 선정했을까? 단순히 보면 터미널 21은 대형 쇼핑몰이라고만 생각하기 쉽지만, 이 쇼핑몰 내부는 큰 공항의 형상을 하고 있다. 출입문부터 입국, 출국 등 공항 특유의 단어들로 채워져 있고, 층마다 각국 도시를 테마로 이색적인 분위기를 만들어 두었다. 이 쇼핑몰은 그래서 출발, 새로운 경험, 여정이라는 의미를 내포하고 있는 셈이다. 내가 전달하려는 메시지와 결이 닿아 있기에 상자를 여는 곳으로 낙점하였다. 그리고 이 장소는 향후 상자 속 비밀을 암시하는 힌트로도 활용되었다.

셋째, 상자에 무엇이 들어있느냐로 메시지를 심는다. '남'이라는 평범한 여성이 상자를 열어서 그 안의 무언가를 발견하며 놀라는 순간이 영상에서 가장 강력한 메시지가 드러나는 때이다. 그래서 상자에 무엇이 들어있냐에 메시지의 가장 중요한 정보를 담을 수밖에 없다. 나는 이곳에 어떤 선물을 넣어야 할까? 현금 백만 원? 다이아몬드 반지? 이런 것들을 넣으면 '남'은 놀라며 당황할 수 있겠으나 영상에서 어떤 메시지 기능을 할 수 있을까? 상자 안의 선물이란 지금껏 끌어온 이 이야기를 단 하나로 압축한 바로 그것이어야 한다. 그래서 나는 상자에 대한 나의 기대감을 이렇게 표현해 보고 싶었다.

'상자에 무엇이 들어있는지는 누구도 알 수 없지만, 이 상자의 힘에 관해서는 이야기할 수 있을 것 같다. 상자를 연 순간, 남이라는 여성의 삶은 이전의 삶과 전혀 같을 수 없을 것이라고. 이것이 상자가 가진 힘이다.'

역설적으로 상자에 무엇이 들어있는지는 중요치 않을 수도 있다. 어쩌면 상자 자체가 가지는 힘이 있는 것은 아닐까? 상자를 만난 사람들은 모두 이런 변화들을 겪게 되는데, 그는 다름 아닌 바로 한국인 남자 A, 상자를 태국으로 배달하도록 부탁받은 남자다. 상자를 배달할 사람도 평범한 사람으로 골랐다. 한 번도 해외여행을 가보지 못했고, 혼자 옥탑방에 살면서 있는 듯 없는 듯 세상과 조용히 거리를 둔 채 살아온 이 한국인 남자를 어느 날 인터뷰 촬영장에 불러냈다.

영문도 모른 채 A는 촬영장에 나왔고, 잠깐의 쉬는 시간에 느닷없이 상자를 태국으로 배달하라는 미션을 전달받았다. 이런 서프라이즈가 있기 전, 카메라 앞에 A를 오랫동안 앉혀 두었다. 멍하니 초점을 잃은 채 한 곳만 응시하며 느리게 하품도 하고 휴대폰을 끄적이기도 하는, 그런 평범하고 지루하며 푹 가라앉은 늦은 오후의 시간 속에서 A는 상자를 만났다. 알 수 없는 언어로 수취인의 주소가 적힌 상자를 본 A의 눈은 커졌고, 홀로 남은 A의 표정은 흥분과 놀라움으로 가득했다. '남'이라는 여성이 상자를 만나면 어떤 일이 벌어질까? 바로 A가 그랬듯 똑같이 새로운 도전이라는 것을 직감할 것이다. 5분 전만 해도 평범했던 자신의 삶이 갑자기 드라마틱해진 것을 경험했을 것이다. 이것을 통해 잊어버렸던 열정이 꿈틀대는 것을 느꼈을 수 있다. 두려움도 느꼈을 것이다. 그리고 이 놀라운 변화를 기꺼이 받아들일 준비가 되었다면 '남'은 A가 그랬듯 상자와 함께하리라 결정할 것이다.

아날로그 필름메이커

이것이 내가 만들겠다고 결심하고 이야기 구조를 만든 영상의 스토리텔링에 관한 이야기이다. 총 일곱 편의 이야기로 나누어져 유튜브와 페이스북을 통해 공개했고, 짧고 실수 잦았을 프로젝트에 종료 당시까지 약 1100명의 태국 젊은이가 유튜브 구독자가 되어주며 공감해 주었고, 페이스북에서는 2300명이 팔로우했다. 애초의 목적에 부합하게 구독자와 팔로워들은 모두 태국인들이었다. 이 짧지만 힘겨웠던 여정으로 태국인들과 커뮤니케이션 해보고 싶다는 나의 소망을 직접 경험해 보고 그들과 소통했던 행복한 2~3개월의 시간을 보낼 수 있었다. 수십만의 구독자를 만들고 수백만의 조회수를 올린 성과는 아니었지만, 프로젝트를 시작하기 직전까지 단 한 명의 태국인도 알지 못했던 내가 이 짧으면서 낯설기까지 한 도전으로 3000명이 넘는 태국인의 공감을 얻을 수 있었다는 사실에 나 자신도 흥분되지 않을 수 없었다. 내가 하고 싶은 영상에 관한 이 '설득 경험'으로 더 나은 영상들로 새로운 도전을 시작할 동력을 얻었다.

이렇게 우리는 영상제작의 새로운 관점으로서 스토리텔링에 대해 알아봤다. 하지만 나는 이것만이 정답이라고 이야기하고 싶은 생각은 없다. 사람들은 저마다 다른 강점이 있고, 그 강점을 이용해 영상을 만들어가는 것이 본질적으로 더 중요하기 때문이다. 내가 어떻게 스토리텔링을 하고 있었는지 이야기했던 단 하나의 이유는 영상에 대해 조금 더 치열한 고민을 해보자는 뜻에서다. 우리는 각자가 옳다고 믿는 방식으로 영상을 만들어야 한다고 본다. 그런데 그것이 치열한 고민을 그냥 지나쳐도 되는 하나의 템플릿이 되어서는 곤란하다고 생각한다. 영상은 내가 시간을 두고 고민한 만큼씩만 더 나아진다. 아쉽게도 영상을 만드는 긴 여정에 '치트키'는 없다. 왜, 무엇을, 어떻게 만들지에 대한 진지한 고민을 쏟아부은 그 시간은 절대 여러분들을 배신하지 않는다.

아날로그 필름메이커

제8장

효과적인
스토리텔링
연습법

외국어 학습과 영상제작 공부

〈아날로그 필름메이커〉 채널에서 오프라인 강좌를 위해 구독자 설문 조사를 한 적이 있는데, 그 결과가 아주 흥미로웠다. 거의 절반 이상의 사람들이 촬영과 편집 기법에 대한 클래스를 원했는데, 이 결과가 흥미로웠던 이유는 이미 유튜브에는 관련된 강의가 넘쳐나고 있기 때문이다. 내가 이 강의를 또 하는 게 의미가 있을까 싶을 만큼 당장이라도 수십, 수백 개의 튜토리얼을 얻을 수 있는데, 왜 구독자들은 여전히 이런 튜토리얼에 목말라 할까?

나는 그 이유를 나름대로 이렇게 정리해 봤다. 우선 사람들은 이 세상에는 내가 알지 못하는 뭔가 어떤 특별한 비법이 존재하는 것 아닐까 하는 막연한 기대감이 있거나, 시간과 노력을 뛰어넘는 어떤 특별한 지름길이 있을지 모른다는 일종의 신기루를 좇는 심리를 가진 것 같다. 두 번째는 자신이 진짜로 필요로 하는 튜토리얼을 아직 얻지 못했기 때문일 수도 있다. 정보는 많지만 나에게 가장 적합한 콘텐츠는 없다고 생각하고 있는 것 같다. 영상을 배우려는 사람들은 심심찮게 내게 촬영이나 편집 기법에 관한 질문을 하는데, 그때마다 나는 이렇게 대답한다.

"섀도잉을 해보세요."

영어 공부를 하는 분이라면 '섀도잉'이라는 용어가 그리 낯설지 않을 것이다. 섀도잉 학습이란 내 수준과 관심에 적합한 영어로 된 드라마나 영화, 쇼프로그램들을 선정하여 그것의 스크립트를 똑같이 외우는 것이다. 이때 중요한 건 내가 선택한 원본 영상에 등장하는 인물이 말하는 억양과 톤, 자세까지 똑같이 '카피'하는 것이다.

우리가 학교에서 배우는 영어는 특정 표현이 어떻게 만들어졌는지 구조를 분석하고 그것을 이론화하는 것에 초점을 둔 것 같다. 그래서 학생들이 지문 분석은 잘하는데 말하기와 듣기에서는 고전을 면치 못한다. 재미도 없다. 내가 관심 있는 주제, 자신의 수준에 맞는 영상을 보면서 섀도잉하는 것은 기본적으로 언어를 재미있게 배우자는 인식이 깔려 있다. 이런 재미라도 있어야 그나마 꾸준히 공부할 수 있지 않냐는 것이다. 그렇다면 섀도잉 학습으로 영어 공부를 하는 이들에게 문법은 언제 필요한 걸까? 섀도잉 학습법으로 무작정 문장을 외우다가, 어느 날 문득 이 문장이 대체 왜 이런 구조를 가질 수밖에 없는지 너무나 궁금할 때, 그때가 바로 문법이 필요한 때다.

뜬금없이 영어 공부에 관해 이야기한 것은 이 규칙이 영상을 시작하려는 이들에게도 똑같이 적용된다고 생각하기 때문이다. 영상을 제작하고 싶어 무작정 카메라를 샀다고 하자. 나는 이제 무엇을 해야 할까? 한국에서 영어를 배운 사람의 습관을 적용하면 카메라를 뜯기 전, 아니 카메라를 사기도 전에 무조건 카메라에 관한 공부부터 할 것이다. 카메라의 센서 크기와 빛의 양, 감도와 셔터스피드, 피사계심도 등등. 이렇게 기기와 촬영기술에 관한 이론만 먼저 배우다 보면 그 사람은 영상에 대한 흥미와 재미를 곧 잃어버릴지도 모른다. 이런 카메라 관련 지식은 영어 공부로 따지면 일종의 '문법'인 셈이다. 이 문법을 붙잡고 늘어지기 시작하면 정작 영어 말하기와 듣기라는 애초의 목표에 도달하기까지 많은 시간이 소요될 것이다.

그래서 우리가 영상을 시작할 때 가장 먼저 해야 할 일은 카메라 이론을 펼쳐 놓고 언제 끝날지 모를 공부를 시작할 게 아니라 내가 닮고 싶고 만들어 보고 싶은 유튜브 영상제작자의 영상 하나를 골라보라는 거다. 그런 영상들은 대체로 내가 가장 잘 만들 수 있는 영상이기도 하다. 관심이 가고 흥미도 있으니 당연히 그것들이 결과물을 만들어 내는 효율로 연결된다. 그리고 카메라를 사서 무작정 한 번 따라서 찍어보라고 말하고 싶다.

내가 원하는 영상을 선택하라

그렇게 섀도잉할 대상을 결정한 다음에 중요한 것은 내가 현재 사용할 수 있는 자원에서부터 시작하라는 것이다. 가끔 "언제 카메라를 바꿔야 할까요?", "좋은 카메라가 있어야 영상을 잘 찍을 수 있지 않을까요?"라고 묻는 사람들이 있는데 앞서 나는 언제 카메라 장비를 바꿔야 할지에 대해 이야기한 적이 있다.

"카메라는 내가 이전에 쓰던 카메라로 영상제작자로서의 내 인생에서 최고의 클라이맥스를 경험한 이후에 바꿔라."

여기에 한 가지를 덧붙이면 다음과 같다.

"필요할 것 같은 느낌이 들어서 장비를 사면 사실은 필요치 않다는 것을 알게 된다. 다른 방법들로 다해보고 더 좋은 대안이 없다고 판단될 때 장비를 사는 게 좋다."

이 원칙을 염두에 두고 아래의 예처럼 한번 시작해 보자. 무엇보다 덮어놓고 일단 시작하는 것이 가장 중요하다. 그 시작을 앞에 두고 우리는 무수히 많은 생각과 계획들을 펼쳐 놓는다. 그런데 정작 그런 생각들과 계획들은 시작을 위한 발판으로 쓰이기보다 역설적이게도 시작하지 말아야 할 근거로 되돌아와 나를 주저앉히기도 한다. 그렇기에 그냥 지금 당장 시작해야 한다. 유튜브에서 관심 있게 고른 영상은 이를테면 이렇게 시작할 수 있다.

암흑에서 점점 화면이 밝아지다 카메라가 느릿느릿 부드럽게 도시의 거리를 헤치며 앞으로 나간다. 얼마 후 카메라가 오른쪽으로 돌기 시작하더니 한 바퀴를 빙 돈다.

이 장면부터 한번 새도잉을 해보자. 카메라를 켰다. 뭔가 메뉴 버튼이 많다. AV, TV, M 등 많은 조그셔틀이 있다. 나는 영상을 찍고 싶다. 가만히 보니 저 셔틀 안에 비디오카메라 아이콘이 보인다. '옳거니' 그쪽으로 조그셔틀을 돌리니 드디어 녹화가 가능해졌다. '가만있자. 영상이 어떻게 시작했더라.'

#1 카메라가 느릿느릿 부드럽게 앞으로 움직이는 장면이다

'카메라가 느릿느릿 움직이려면…. 당연히 내가 카메라를 잡고 느리게 움직여야겠지.' 그렇게 해보니 그 영상에서처럼 부드럽게 움직이는 느낌이 아니다. 흔들거리고 뒤뚱거린다. '어떻게 이렇게 찍은 거지?' 구글이나 유튜브에서 '부드럽게 찍힌 화면'이라고 검색해 본다. 그랬더니 오호라! 몇 가지 방법들이 소개되고 있었다. 그중에서 나의 눈에 들어온 장비 하나. '아, 짐벌! 그래 짐벌을 이용해서 찍으면 내가 조금 뒤뚱뒤뚱 걸어도 이 움직임을 부드럽게 붙잡아주는구나! 그럼 짐벌을 사야지!'

그런데 여기서 잠깐. 이런 장비를 살 때는 이렇게 부드러운 화면을 만들 수 있는 것이 이보다 더 나은 방법이 없을 때 바꾸라고 하지 않았던가. '그렇다면 어떤 방법이 있지?' 조금 더 찾아보니 두 가지 방법이 있다. '내가 쓰는 파이널 컷 프로가 기본적으로 움직임 보정 기능을 제공하고 있네!' 최대한 흔들리지 않게 찍은 영상을 '파이널 컷 프로'로 가져와서 움직임 보정 효과를 주니…. '오! 부드러워졌어! 이제 나는 짐벌이라는 장비가 없어도 부드럽게 움직이는 화면을 만들 수가 있게 됐어!' 그렇게 신이 나서 내킨 김에 다음 장면을 찍어보기로 한다.

#2 화면이 360도로 돌아간다

'화면이 360도 돌아가네. 이것도 아까처럼 같은 기능인 것 같으니 카메라를 이렇게 돌려볼까?' 휘익. '파이널 컷 프로'로 와서 다시 움직임 보정 기능을 넣었는데 이번에는 신통치 않았다. 화면이 울렁거리고 좀처럼 자신이 봤던 영상과 느낌이 다르다는 것을 단번에 알아차렸다. 이 울렁거림을 보고 나니 아까 처음에 만들었던 앞으로 서서히 나가는 장면도 미세하게 울렁거림이 있는 것을 발견하고 나서 나는 다시 실망해 버렸다.

'부드러운 화면'을 검색하던 나는 관련 영상으로 '60프레임으로 촬영'이라는 영상을 발견했다. 원래 영상은 30프레임 레이트로 만드는데, 60프레임까지 촬영되는 카메라가 있다면 60프레임으로 촬영해서 속도를 두 배나 느리게 하면, 느려진 만큼 화면이 부드러워진다는 얘기. '오 설득된다! 카메라를 확인해 봐야지. 내 카메라가 60프레임 촬영을 지원할까? 오 감사합니다!' 내 카메라도 60프레임 촬영이 가능했다.

60프레임으로 설정하고 아까처럼 카메라를 들고 앞으로 천천히 움직이며 카메라를 360도 회전시켜보았다. '파이널 컷 프로'에 촬영본을 올리고 50% 정도로 느리게 화면을 바꾸자 기적이 일어났다. 화면이 아까 움직임 보정을 사용했을 때와는 비교도 되지 않을

아날로그 필름메이커

만큼 깨끗하고 선명하고 부드러워졌다. '대체 무슨 일이 일어난 거지?' 그냥 속도를 반으로 줄였을 뿐인데 슬로우 모션처럼 움직임이 끊기지 않고 부드럽게 만들어지는 이유가 뭘까? 나는 60프레임 촬영에 해결의 열쇠가 있다고 생각하고 그때부터 60프레임 레이트, 30프레임 레이트에 대해 더 알아야겠다고 생각했다. 관련 이론을 찾아보다가 24프레임 레이트가 있다는 사실도 알게 되었다. 각각의 프레임 레이트가 어떤 용도에서 사용되는지를 알게 되자 뭔가 새로운 세계가 조금 열린 듯한 느낌이 들었다.

이제 부드럽게 유영하는 화면을 만들기 위해서 60프레임 촬영과 움직임 보정을 적절히 사용하며 점점 영상의 완성도를 높여가기 시작했다. 지금도 나쁘지 않지만 360도로 돌아가는 이 부드러운 움직임은 아무래도 손으로 만드는 것으로는 한계가 분명하다는 것을 알게 되었다. 그뿐 아니라 부드러운 화면을 만들기 위해서 무조건 60프레임 촬영만 하다 보니 메모리 용량도 커지고, 24프레임 레이트에서 잘 대응되지 않는 것 같다. 그때부터 서서히 짐벌이 필요하다는 것을 느끼고 조금씩 돈을 모으기 시작한다.

섀도잉의 놀라운 자기 주도 학습

앞의 사례는 영상에 관심을 가진 아주 평범한 사람이 섀도잉으로 어떻게 성장할 수 있을지, 그것도 얼마나 긍정적으로 성장할 수 있을지를 보여주는 예라고 생각한다. 이 과정을 거치면 철저하게 자기 주도적으로 배움을 지속하게 된다. 문제를 해결해 나가는 것을 중심으로 배움이 이뤄지다 보니 응용력도 커진다. 우연히 발견한 60프레임 촬영의 이점 덕분에 프레임 레이트를 더 공부해 봐야겠다는 이론적인 학습으로까지 발걸음을 옮기게 된다. 처음부터 프레임 레이트를 배웠다면 이런 다양한 학습의 결과물들을 얻지 못했거나 오랜 시간을 보내야 했을 수도 있다. 이렇게 하나씩 문제들을 해결해 나가는 방식의 섀도잉 학습법으로 영상을 배우고 누군가의 영상을 따라 하다보면 그 과정에서 나만의 스타일을 발견하기도 한다.

장비를 추가로 구매하는 일도 마찬가지이다. 처음부터 "부드러운 화면을 만들려면 짐벌이 필요하다고 해서 짐벌을 샀어요."라고 한다면, 나는 짐벌 외에 다른 방법으로 부드러운 화면 만들기에 대한 지식 없이 무거운 짐벌을 들고 이곳저곳을 누비고 다녀야 할 것이다. '나는 부드러운 화면을 얻고 싶었을 뿐인데, 이 무거운 짐벌을 들고 다녀야 한다니. 더군다나 설치는 왜 이렇게 힘든지.' 그러다 보면 짐벌을 어느 순간부터 사용하지 않게 되고, 부드러운 영상을 만들겠다는 의욕마저도 상실해 버리고 말 것이다. 무거운 짐벌을 들어야 할 이유가 확실한 경우와 누군가의 이야기를 듣고 장비를 구입하는 것과는 근본적으로 다를 수밖에 없다.

유튜브에는 섀도잉의 레퍼런스로 삼을 무수히 많은 영상이 있다. 그중 마음에 들고 만들고 싶은 영상 하나를 골라 그냥 시작하면 된다. 아무것도 할 줄 아는 게 없다 해도 변하는 것은 없다. 내가 아무것도 할 수 없다는 것을 인식하는 것도 사실 의미 있는 출발점이 될 수 있다. 아울러 이런 레퍼런스를 유튜브에서만 구할 수 있는 것은 아니다. 수백 아니 수천 편의 레퍼런스 영상을 이미 가지고 있다는 놀라운 사실을 알고 있는가?

내 안의 영상 라이브러리

한때 촬영은 엄격한 규칙과 프레임의 황금분할, 적정 노출과 화이트 밸런스 등 지킬 것들과 알아야 할 것들이 많은 매우 까다로운 창작활동이었다. 지금이라고 다 필요 없는 건 아니지만, 적어도 세상이 많이 달라졌다. 유튜브가 가져온 수많은 변화 중 하나는 우리가 배워왔고 알고 있었던 '잘 만들어진 영상'에 대한 기준을 다시 쓰도록 요구받고 있다는 것이다. 유튜브 채널을 운영해 보거나 콘텐츠를 한두 번 올려 본 경험이 있는 사람들이라면 공감할 수 있을 텐데, '전문 영상 제작자'의 시선과 지식으로는 도무지 이해할 수 없는 수많은 '함량 미달' 영상들이 유튜브에서 종종 대박을 터트리고 있다. 그들 중 대부분 영상은 과다노출 영상이거나 화면에 인물을 적당한 비율로 배치하지도 못했다. 디자인과 배색의 기초도 없이 원색으로 찬란하게 빛나는 자막들, 좋은 것이라고는 하나도 없어 보이는 그런 영상들이 사람들의 입에 오르내리고 있다는 점은 영상제작자인 내가 가끔은 깊은 회의감에 빠지도록 만든다.

　그뿐인가? 내가 굉장히 신경 써서 올렸던 영상의 반응은 시원찮다가도, 버리기 아까워 기대 없이 올린 영상의 조회수가 급등하기도 한다. 나도 답을 알고 싶다. 유튜브에서 잘 만들어진 영상이란 대체 무엇일까? 적어도 지금껏 추측해 본 바로는 탄탄한 기획과 신선한 스토리텔링을 등에 업고 좋은 카메라로 좋은 구도를 잡아 적정 노출과 트렌디한 자막에 의해 만들어진다고 인기 영상이 되는 것은 아니라는 것이다. 물론 그렇게 만들어진 영상은 뛰어난 전달력을 갖고 있을 것이기에 당연히 사람들의 시선을 사로잡는 힘이 있다. 단지 유튜브라는 '큰물'에서 그것만이 좋은 영상을 규정하는 단일한 잣대가 아니라는 점을 말하고 싶다.

이런저런 이유 때문일까? 유튜브는 영상을 처음 시작하는 이들에게 일종의 용기를 주기도 한다. 영상의 외적인 좋고 나쁨보다는 '그냥 내가 이렇게 하고 싶었는데?'가 더 큰 미덕이기 때문이다. 영상이 가진 전통적이고 보수적인 규칙들을 보란 듯이 떨쳐내는 것이 유튜브 안에서 창작활동을 하며 누릴 수 있는 진정한 놀라움이며 파괴력이다. 그래서 나는 영상을 처음 시작하는 이들이 유튜브에 올릴 영상을 만들기 위해 이런 전통적인 촬영기법을 공부해야 한다고 생각하지 않는다.

그냥 그렇게 공부할 시간에 카메라를 들어보고 한 번이라도 더 나가 찍어보라고 이야기하고 싶다. 그렇게 해야 하는 이유는 매우 단순하다. 우리의 머리에는 이미 수십 년간 TV나 영화를 보고 얻은 수많은 레퍼런스 영상들이 있기 때문이다. 우리가 비록 영상을 만드는 창작자로서는 초보일지 몰라도 시청자로서는 이미 십수 년, 아니 그 이상의 경력을 가진 '전문가들'이다. 그래서 각자의 머릿속

　　　　　　　　　　　　　아날로그 필름메이커

에는 저마다의 취향에 따라 좋은 영상에 대한 기준이 세워져 있고, 그 기준에 따라 영상들이 우리의 뇌 어딘가에 저장되어 있다. 다만 이것은 도서관에서 목록을 정렬하고 검색해 내거나 서가에서 대출한 도서를 꺼내듯 쑥쑥 뽑아낼 수는 있는 것은 아니다. 그렇다면 이렇게 우리 안에 아카이브화 된 수많은 영상 정보들은 언제 들여다볼 수 있을까? 그건 바로 우리가 카메라를 들고 직접 이것저것을 찍어볼 때다.

나는 가끔 카메라를 켜서 뷰파인더를 보고 있으면 이 장면을 어디선가 한번 봤던 것만 같은 기시감을 느낀다. 시신경에 비친 현장의 분위기에 따라 내 머릿속 영상 라이브러리가 자동으로 검색을 시작하는 것 같고, 그런 검색의 결과물이 무의식중에 떠오르는 것 말이다. 그런 경우 나는 기억 너머에 있던 화면을 생각하며 그것대로 카메라를 조작하고 있는 것을 발견하게 된다. 해 질 녘 해변을 걷고 있는 커플을 카메라 뷰파인더 화면에 비추면 우리는 자연스럽게 바다 너머의 해 질 녘 풍경을 배경으로 삼아 커플들의 실루엣을 담으려고 바빠질 것이다. 이걸 내가 배웠기 때문에 생각해 낼 수 있었던 것일까? 아니다. 언제인지는 모르겠지만 과거의 어느 순간에 그런 유사한 장면을 보고 매우 인상 깊어서 그걸 내 머릿속 한구석에 저장시켜 놓았기 때문이다. 친구의 자동차를 얻어 탄 나는 조수석에 앉자마자 들고 있던 카메라를 켰다. 저 멀리서 강남역 사거리, 역삼동이라는 간판을 향해 본능적으로 줌인을 하고 자동차가 덜컹거리는 그 느낌으로 계속 간판을 팔로우한다. 이 역시 마찬가지다.

어떤 영상에서 이 장면을 보았던 그 기시감. 그것이 바로 이런 샷을 주도적으로 만들어 낼 수 있게 하는 이유가 된다. 나는 가끔 영상을 처음 시작하는 이들과 있을 때 이런 물음을 던지곤 한다.

"자동차가 다니는 큰 길이 있다고 해보자. 이쪽에는 어떤 남자가 있고, 반대편에는 또 어떤 여자가 서 있어. 두 사람이 서로 모르는 사람이야. 신호가 바뀌면 두 사람이 서로 길을 건너기 시작하면서 횡단보도 중간쯤 스치는 순간이 있겠지? 나는 그 순간이 두 사람은 알아채지 못하지만 그들의 운명적 만남임을 영상으로 보여주고 싶어. 어떻게 샷을 만들 수 있을까?"

여러분은 어떻게 표현할 수 있겠는가? 한번 같이 생각해 보자.

#1 남자, 여자가 각각 한 컷씩 차례로 화면에 나온다

　　(음악을 듣고 있는 모습, 고개를 떨군 모습 등)

#2 신호등을 화면 가득 담고 신호가 초록 불로 바뀌는 장면

#3 각자 다른 곳에서 신호등이 바뀌는 것을 바라보는 남자와 여자

#4 여자의 구두가 인도에서 횡단보도로 내려가는 장면

　　(로우 앵글 슬로우)

#5 남자의 시선이 아래로 향하며 걸음을 시작하는 장면 (슬로우)

#6 여자가 머릿결이 날리면서 뚜벅뚜벅 걷는 장면 (슬로우)

#7 군중 사이로 바닥을 응시하며 걷는 남자

#8 음악 템포가 **빨라지며** 그들의 걸음걸이도 점점 **빨라진다**

#9 마침내 두 사람이 서로 스칠 때 화면이 정지된 듯 초고속촬영으

로 멈추고 화면이 옆으로 슬라이딩 된다

#10 (음악도 함께 멈춘 채) 여자의 시선이 살짝 남자 쪽으로

#11 남자의 시선도 엇비슷한 시기에 여자 쪽으로

#12 여자의 머릿결이 느리게 날리고, 남자의 가방끈도 느리게 흔들리며 측면에서 서로 엇갈리는 장면

#13 화면이 다시 빨라지고 남자와 여자는 정상적인 속도로 빠르게 서로를 지나쳐 간다

#14 갑자기 횡단보도에서 가던 길을 멈춘 여자는 주변을 낯선 듯 훑어보며 뒤를 돌아본다

#15 남자가 등을 보이고 걷는 모습을 의미 없이 쳐다본다

#16 여자가 앞을 다시 보고 걷기 시작할 때, 이번에는 남자가 멈추고 뒤를 돌아본다

#17 횡단보도 전체 샷이 보이며 아무것도 발견하지 못한 두 사람은 가던 길을 간다

어떤가? 여러분도 비슷하게 이런 시퀀스를 머릿속에 그려낼 수 있었을 것이다. 지금 이 영상을 머릿속에서 생각해 내면서 머릿속에서는 그동안 봐왔던 수십 개의 영화와 드라마가 뒤죽박죽되는 느낌이 들었다. 일단 횡단보도를 건너는 두 남녀에 대한 영상은 내가 이미 수없이 봤던 장면이었던 것 같다. 두 사람이 스치는 순간 고속촬영으로 처리하는 건 영화 〈매트릭스〉에서 봤던 장면 같고, 서로 뒤돌아보는 것이 엇갈리는 장면은 〈러브레터〉나 〈동감〉에서 온 것 같다. 횡단보도 전체 샷으로 마무리하는 건, 〈기쿠지로의 여름〉에서 주인공 남자와 아이가 학교 운동장에서 서 있던 극단적인 원거리 촬영기법에서 기인한 것 같다.

　이런 생각의 과정을 '상상력'이라는 조금 더 쉽고 편한 단어로 규정하기도 하는데, 이렇게 어떤 장면을 영상이라는 언어로 시각화하기 위해서는 앞서 언급했던 내 머릿속의 라이브러리를 무의식적으로 꺼내게 된다. 나는 영상을 만들 때마다 이 과정을 반복하는데 그럴 때마다 내 마음에 남는 아쉬움이 있다. 그건 더 많은 영상 소스들이 내 머릿속 라이브러리에 저장되어 있었다면 더 풍성한 상상력이 발휘되지 않았을까 하는 것 말이다. 그래서 영상을 만들어 보려고 하는 여러분들은 다른 사람이 만든 영상을 시청하는 것을 즐기고 수많은 영상을 머릿속에 쌓아두어야 한다. 그것들이 영상을 촬영할 때 본능적으로 튀쳐나오는 강력한 레퍼런스 영상 라이브러리가 되어 주기 때문이다.

마법은 편집툴이 아니라 내가 부려야 한다

조금은 근본적인 면에서 영상을 편집한다는 것에 대해 고민할 필요가 있다. 영상을 편집하는 것은 내가 해야 할 말을 기승전결의 구조로 '이야기한다'라는 것이다. 영상을 도구로 해서 말이다. 앞서 영상을 언어로 규정한 것처럼 영상을 편집한다는 것은 정확히 직접적인 '말하기'와 맞닿아 있다. 사람들과 대화할 때에는 어떤 방식이건 필연적으로 '논리적 전개'가 필요하다. 사람들은 자기 생각을 누군가에게 말하려 할 때 본능적으로 '효과적으로' 의미를 전달하려는 습성을 갖고 있는데 이는 영상에도 똑같이 적용된다. 이야기의 논리적 전개와 말하기 스킬 등 모든 것들은 궁극적으로 '유창한 언어 구사 능력'을 갖춰야 가능한 일이다.

당장 재미있는 실험을 한번 해보자. 지금 자리에 앉아 '나는 누구일까?'를 한번 생각해 보라. 이제 생각의 과정을 한번 돌아보자. 조금 전까지 '내가 누구일까?'를 곰곰이 생각했던 그 생각이라는 녀석은 신기하게도 모두 언어를 기반으로 이루어진 것을 알게 될 것이다. 생각도 언어를 기반으로 만들어지고 확장된다. 그래서 나는 언어 구사 능력이 뛰어날수록 생각도 깊어지고 논리적 사고력도 키워진다는 결론에 도달했다.

다시 영상으로 돌아와 보자. 최고의 영상 편집 고수가 되고 싶다는 막연한 꿈을 갖고 있다는 것은 영상을 통해 자기 생각과 감정을 고스란히 사람들에게 표현하여 전달하고 싶다는 의미이다. 그것도 '효과적으로' 말이다. 그렇다면 필연적으로 위에서 언급한 이야기의 결론과 같은 결론에 다다른다. 즉 유창한 수준의 영상 편집이 전제되어야 한다는 것이다. 내가 여전히 타임라인의 클립을 50% 느리게 하는 것이 무엇인지 잘 모른다면, 오디오 클립의 볼륨 조절을 키프레이밍할 수 없다면, 유창한 언어 구사, 다시 말해 유창한 영상 편집이라고 이야기할 수 없다. 편집 소프트웨어를 켜고 영상을 만들기 시작할 때, 내 생각 속의 타임라인이 직관적으로 영상 편집 소프트웨어의 타임라인에서 1대 1로 펼쳐지게 하려면 편집 소프트웨어를 유창하게 사용할 수 있어야 한다. 이것이야말로 영상 편집의 선결 전제조건이다. 꿀팁과 편집 기법 같은 파편을 주워 담으려면 이런 유창함이 전제된 상태여야 유효하다는 건 너무나 당연한 말이다. 단순히 편집 기법을 보아서 고개를 끄덕이며 아는 것과 내가 주체적으로 상황에 따라 끌어다 쓸 수 있는 것은 근본적으로 다른 이야기다.

영상 편집 소프트웨어를 두고 범하기 쉬운 사고의 오류가 있다. 영상 편집 소프트웨어 안에 뭔가 특별한 마법이 숨어 있을 것 같다는 생각 말이다. 나의 보잘것없는 실력을 돋보이게 할 무언가 숨겨진 비법들이 있을지 모른다는 생각. 하지만 편집툴에 그런 마법은 숨어 있지 않다. 편집툴은 수단일 뿐, 그것이 마법 상자가 되어버리면 우린 언제나 최신 편집 소프트웨어에 목을 매게 되고, 소프트웨어를 바꿔 가며 이리저리 유목 생활을 할 수밖에 없다.

그럼 도대체 유창한 영상 편집의 길에는 언제 다다르게 된단 말인가? 자신의 상황과 환경에 가장 적합한 소프트웨어를 골라서 도달할 수 있는 가장 완벽한 공부를 마쳐 놓는 것이 중요하다. 시간이 오래 걸릴 것 같다고? 사실 편집툴을 배우는 건 그리고 어려운 일이 아니다. 기본적인 편집이 가능한 수준의 학습은 개인차가 존재하겠지만, 사실 일주일 정도면 충분하다. 그리고 난 후 지속적인 실습 과정을 거치면 그 지식이 오롯이 자신의 유창한 언어 구사 능력으로 자리 잡게 된다. 편집툴은 마법이 아니라 당신이 마법을 부릴 수 있도록 도와주는 도구다. 마법은 당신이 부려야 한다. 마법은 편집 소프트웨어를 완전히 '장악'했을 때 비로소 일어날 수 있다.

물론 기본적으로 알아야 할 촬영 기법은 분명 존재한다. 그런 기법들이 필요한 이유는 영상의 속성을 더 잘 이해하기 위함이다. 유튜브에서 초보적인 수준의 영상을 경험하고 조금씩 더 완성도 있는 영상제작에 대해 갈증을 느끼기 시작할 때쯤, '문법'에 대해 슬슬 궁금해지기 시작할 때가 생긴다. 영상에서의 문법이란, 더 유창하게 영상을 만들기 위해 영상의 특징과 구조를 이해하는 것이다. 다음 장에서는 우리가 꼭 알아야 할 촬영 기법 몇 개와 특히, '인터뷰 촬영법'에 대해 이야기해보려고 한다. 촬영에는 여러 가지 많은 기법이 있지만, 특히 이 두 가지 주제를 잘 알아 놓으면 영상을 촬영할 여러분에게 탄탄한 근육이 되어 줄 것이다.

제9장

왜 내가 찍은 영상은
별로일까

카메라는 세상을 바라보는 나의 시선

카메라는 인간의 눈을 닮았다. 그래서일까? 가끔 나는 내 눈과 카메라 렌즈를 비교해볼 때가 있다. 영화가 이미 시작된 후, 영화관의 컴컴한 계단을 따라 내려갈 때는 내 눈의 ISO를 높여 계단을 조금 더 밝게 보고 싶다거나, 해지는 노을의 멋진 풍경에 넋을 놓고 있을 때는 눈의 다이내믹 레인지는 어느 정도일까를 생각해 내는 식이다.

카메라 렌즈는 사람의 눈과 닮아있지만, 카메라나 메모리 등과 엮이기 시작하면 우리의 눈 이상의 것을 의미하게 된다. 렌즈는 단순히 빛에 반사된 사물을 비추는 광학기기에 불과하지만, 사물이 렌즈에 의해 카메라에 담겨 기록되는 순간부터 그것은 단순한 시각 이상의 의미를 지닌다. 그래서 카메라는 세상을 바라보는 나의 시선과 태도다. 영상은 참으로 신기하다. 내가 알았든 그렇지 않든, 어떤 태도로 뷰파인더 너머의 것을 바라보았는지 고스란히 투영하기 때문이다.

앞서 섀도잉에 관해 이야기하면서 촬영은 그냥 마음 가는 대로, 손과 눈이 움직이는 대로 해보라고 이야기했다. 조금 무책임하다는 생각이 들기도 하지만, 그것은 엄연히 내가 믿는 사실이다. 나는 여전히 이런 방식으로 영상을 시작하는 것이 가장 효과적이라고 생각한다. 하지만 동시에 꼭 알려주고 싶고 여러분이 기억했으면 하는 것들도 분명히 있다. 지금부터는 그것들에 대해 한번 이야기해보려한다.

인터뷰: 제작자의 태도가 직접 드러나는 거울

나는 역사 다큐멘터리를 좋아한다. 굳이 TV를 켜지 않아도 넷플릭스 같은 스트리밍 사이트에 무수히 많은 역사 관련 콘텐츠가 있으므로 시간이 날 때 이런 콘텐츠들을 보는 것이 내게는 빼앗길 수 없는 삶의 기쁨 중 하나이다. 그런데 서로 다른 다큐멘터리를 시청할 때 공통으로 느끼는 점이 있다. 그것은 역사적인 사실을 서술하는 중간중간에 삽입되는 당사자나 사건에 대해 정보를 줄 수 있는 사람의 인터뷰를 매우 정성스럽게 찍었다는 사실이다. 역사 다큐멘터리는 사용할 수 있는 자료화면들의 상태가 대부분 좋지 않기 때문에 다큐멘터리 영상 자체의 완성도가 그리 높은 편은 아니기 마련이다. 그런데 중간중간 삽입되는 인터뷰 영상의 퀄리티는 언제나 수준급이다. 어떤 영상이건 대개 인터뷰는 사용되고 그렇게 인터뷰 형식으로 만들

아날로그 필름메이커

어지는 경우, 그 퀄리티에 특별한 힘이 들어가 있는 것을 예외 없이 발견할 수 있다. 이 말을 뒤집어 보면 다른 촬영기법이나 스킬들을 익히는 것보다 '인터뷰'라는 창작활동이 가지는 의미와 기술적인 중요성에 대해서 최우선으로 고민해 볼 필요가 있다는 것이다.

여기서 인터뷰의 두 가지 측면에 관해 이야기해보고 싶다. 첫 번째는 '인터뷰어(인터뷰를 진행하는 사람)'로 좋은 인터뷰를 만들어 내는 방법이고, 두 번째는 '인터뷰이(인터뷰에 응하는 사람)'를 돋보이게 하는 촬영 방법에 대한 것이다. 내가 콕 집어 인터뷰에 관해 이야기하고 싶은 이유는 이 기술이야말로 현장에서 영상제작자가 스토리를 직접 끌고 나갈 수 있는 가장 강력한 도구 중 하나이기 때문이다. 그뿐 아니라 내가 사람들을 어떤 태도로 보고 있는지, 나의 시선과 감정은 무엇인지를 여과 없이 투영해 내는 가장 '선명한 창문'이며, 너무나 대중적인 창작활동이기 때문에 누구나 당장 시도해 볼 수 있고, 시도해 봐야 할 분야이기 때문이다. 그래서 좋은 인터뷰를 만드는 연습을 하는 것은 영상제작자에게 어떤 작업보다 중요하다.

질문지를 준비하고 '대화하라'

나는 인터뷰를 매우 좋아한다. 나 스스로도 인터뷰어로서 꽤 괜찮은 능력을 갖추고 있다고 자부한다. 그러기 때문에 나는 말을 잘하는 인터뷰이와의 인터뷰도 좋아하지만, 말을 매우 못하는 사람, 혹은 아주 방어적인 사람과의 인터뷰조차도 좋아한다. 그들의 경계심이 허물어지는 것을 보는 쾌감이 분명히 있기 때문이다. 카메라를 켜고 그 사이에서 나와 상대방이 앉아 있는 모습은 질문하고 답하는 기자회견이 아니라 대화에 더 가까운 모습이다. 그렇기에 대화를 하듯 인터뷰를 하기 시작하면 상대방도 어느 순간 분명히 마음을 열게 된다. 성공적인 인터뷰는 인터뷰이의 생각과 정보를 끄집어내되 감정도 함께 표출되도록 하는 것이다. 이런 반응을 끌어내는 것은 대화라는 형식을 통해서만 가능하다. '이것은 인터뷰야'라는 의식에 사로잡히면 인터뷰이는 감정의 문을 꽁꽁 닫고 끝내 열지 않는다.

어떤 기업의 인터뷰 영상을 제작할 때였다. 임원 몇 명을 만나 직무와 관련한 생각을 듣는 인터뷰였는데, 예상대로 내용은 딱딱했고 인터뷰이의 태도는 무겁고 방어적이었다. 심지어 어떤 임원은 대답 내용을 원고로 만들어서 읽기도 했다. 나는 당시 인터뷰어로 참여한 사원과 함께 동석했는데 '지금 우리는 질의응답을 하고 있어요'라는 듯한 견딜 수 없이 경직된 분위기를 깨고 싶었다. 그 분위기는 언제 깨어질까? 그렇다. 바로 대화를 시작할 때부터이다.

당시 그 임원은 해당 업무 분야의 '전문가'가 되는 방법에 대해 첫째, 둘째를 나열하며 한창 이야기하고 있었는데, 나는 힐끗힐끗 답변을 보며 인터뷰에 참여하고 있는 임원의 대답이 끝나자마자 인터뷰에 끼어들었다.

"죄송한데 전무님, 지금 질문지를 읽고 계신 게 너무 티가 나요."

그 말을 하자 주변에서 웃음이 터졌다. 조금 전까지만 해도 근엄한 표정을 짓던 전무는 천진난만한 표정을 지으며 "아, 티가 났나요?"라며 눈을 동그랗게 떴다. 이 한 마디만으로도 이미 분위기가 많이 바뀐 것이 느껴졌다. 모두가 느끼는 것이었지만 그렇지 않은 척했을 뿐이었을 테니 말이다. 누군가 이 부분에 관해 이야기하면 현장에 있던 사람은 순식간에 현실 세계로 소환된다. 그래서 나는 조금 더 대화를 시작했다.

"네, 너무 티가 많이 나서요. 제가 다른 질문을 드려도 될까요?"

전무는 다시 눈을 동그랗게 뜨고 무슨 질문이냐는 표정으로 나를 바라보았다.

"전문가가 되는 방법에 대해 열심히 얘기해 주셨으니 전문가로 삼행시 한번 들어가 보겠습니다."

이 이야기가 나오자마자 주변에서 폭소가 터졌다. 전무도 예상치 못한 황당한 요구에 고개를 뒤로 젖히며 웃음을 터뜨렸다. 그렇다면 삼행시가 잘 되었을까? 물론 잘 됐을 리가 없다. 끝내 전무는 완벽한 삼행시를 만들어 내지 못했다. 그러나 그것으로 충분했다. 인터뷰의 분위기는 이전과 비교할 수 없게 부드러워졌으며 인터뷰의 내용도 더 충실해졌다. 결정적으로 이렇게 웃는 장면은 영상의 아주 중요한 소스가 되었고 이후 제작물에도 잘 반영되었다.

인터뷰어들은 대개 인터뷰이가 이야기하는 중간에 끼어드는 것을 주저한다. 여러 이유가 있을 수 있다. 하지만 나는 중간에 끼어드는 것을 주저하지 않았으면 좋겠다. 이런 시도는 인터뷰이로 하여금 상대방이 내 이야기를 경청하고 있고, 관심 있어 하는구나라는 느낌을 주게 된다. 유튜브 촬영도 마찬가지이다. 의사나 변호사들이 카메라 앞에서 해당 주제에 관해 이야기하는 장면을 영상으로 찍고 있노라면 가끔 이게 연설인지 읽기인지 혼란스러울 때가 있다. 나는 이런 종류의 영상제작도 큰 틀에서 인터뷰라고 생각한다. 그럴 때는 그 사람들이 홀로 이야기하게 두지 말고 카메라 뒤에서 적극적으로 대화를 할 것을 추천한다. 그렇게 되면 출연자들의 말투가 안정되고 영상에 생기가 돈다. 대화라는 도구는 언제나 참여하는 이에게 통찰력과 깨달음과 따뜻함을 선사한다. 인터뷰할 때 대화라는 방식을 사용하지 않을 이유가 없다.

외운 것을 기억할 시간이 아닌, 생각할 기회를 주라

보통 인터뷰가 진행되면 인터뷰이들은 사전에 전달받은 질문에 해당하는 내용의 답을 나름대로 준비해 온다. 가끔 정보를 정확히 전달해야 한다고 생각하는 사람들은 답안지를 준비해 오거나, 내용을 외워 오는 경우가 많다. 인터뷰가 힘들게 진행되는 주된 이유는 인터뷰이가 사전에 준비한 내용을 제대로 표현하는 것에 어려움을 느끼고, 인터뷰어와 인터뷰이 모두 대본에 집착하기 때문이다. 이런 경우 차라리 대본을 치우는 편이 나을 수 있다. 어차피 인터뷰이는 해당 분야의 전문가로 이미 정리된 생각을 하고 있을 것이므로 애초에 대본이 큰 의미가 없을 가능성이 크다. 물론 제작자가 조금 더 바빠질 것이다. 질문의 내용이 더 구체적이어야 하기 때문이다. 하지만 큰 이변

아날로그 필름메이커

이 없는 한 인터뷰이는 인터뷰가 마무리되는 시점에 자신이 준비한 이야기를 대부분 하게 된다. 그러니 내용을 놓칠 것 같은 불안감은 내려놓는 편이 좋다.

그럼 인터뷰에서 어떤 부분을 놓치지 말아야 할까? 나는 인터뷰이가 고민하고 생각하게 만드는 장면을 얻어내야 한다고 말하고 싶다. "그것은 어떻게 생각해요?", "그랬다면 어떻게 하시겠어요?" 등의 방식으로 말이다. 준비되지 않고 정제되지 않은 날것의 생각과 반응을 얻어내는 것이 무척 중요하다. 그리고 최대한 구체적으로 대답할 수 있는 방식으로 포장하여 질문한다. "그 부분에 대해 한 단어로 표현한다면 어떻게 이야기하겠어요?", "색깔로 표현한다면요?" 등 그들이 진지하게 생각하되 쉽게 대답할 수 있도록 폭을 좁혀 배려해 주는 것이다. 이런 인터뷰는 영상의 생동감을 위해서도 꼭 필요한 소스다.

마음을 열어 감정을 쏟아내게 하라

개인적으로 선명하게 기억에 남는 인터뷰이가 있다. 그 사람은 내가 인터뷰를 할 때마다 마지막에 항상 눈물을 보였고, 인터뷰가 끝나면 멋쩍은 듯 눈가의 눈물을 닦으며 이렇게 말을 하곤 했다.

"이상하네요. PD님과 얘기만 하면 항상 이렇게 되니."

내가 특별한 재능을 가지고 있다고 생각하진 않는다. 그냥 위에 언급한 몇 가지 원칙에 충실했을 뿐이고, 그 원칙과 더불어 대화 자체를 좋아했을 따름이다. 나는 인터뷰의 끝은 결국 인터뷰이의 마음 깊은 곳을 열어 보이는 것이라고 생각한다. 세상에는 다양한 방식의 인터뷰가 있다. 인터뷰가 목표로 하는 것도 다양한 인터뷰 종류만큼이나 많다. 아주 피상적인 정보를 얻어내거나, 얇고 휘발성 강한 사람들의 생각을 얻어내는 인터뷰는 사실 대화의 범주에 넣기 민망한 경우가 많다. 그럴 때는 인터뷰 목적에 충실하면 된다. 그러나 각잡고 앉아 이십 분, 삼십 분 길게 진행되는 인터뷰는 결국 대화라는 방식으로 빠져들 수밖에 없다.

다큐멘터리 〈로버트, 우리가 사랑한 케네디〉는 형인 존 F.케네디를 총격으로 잃은 후, 유력 대선 후보로 대통령 당선에 한 발짝 더 다가간 순간 자신도 암살당한 로버트 케네디에 관한 이야기다. 인터뷰로만 만들어진 다큐멘터리라고 해도 과언이 아닐 정도인데 내가 이야기하는 인터뷰의 미덕 모두를 담고 있어서 인터뷰를 찍으려는 사람들이 한 번쯤 참고하면 좋을 영상이다. 이 영상의 인터뷰이로 등장하는 사람들은 모두 직간접적으로 로버트 케네디와 연관이 있는 사람들이다. 제작자는 전체적인 큰 이야기의 얼개를 자료화면을 이용해 만들고, 얼개 곳곳을 채워줄 다양한 인터뷰이들의 증언을 끼워 맞추는 방식으로 제작하였다. 처음에는 담담히 인터뷰에 참여하던 사람들은 결국 로버트 케네디가 암살되는 지점에 이르러서는 깊은 회한에 찬 표정으로 머리를 감싸 쥐거나 눈물을 흘린다. 그리고 그 순간 마음을 활짝 연 인터뷰이의 모습은 영상 안에서 가장 격정적인 장면으로 기록된다.

이 다큐멘터리를 보면서 과연 어떤 질문에 인터뷰이들의 감정이 흔들렸을까를 되짚어 생각해 본 기억이 있다. 어떻게 질문해야 이들의 굳게 닫힌 감정의 문이 열리게 될까? 나라면 이렇게 물었을 것 같다.

"로버트 케네디가 총에 맞기 전으로 돌아가 1분만 만날 기회를 드리겠습니다. 어떤 말을 해 주고 싶으세요?"

"암살이 있던 그 날, 신이 당신에게 한 가지를 바꿀 수 있게 허락한다면, 무엇을 하시겠습니까?"

"로버트 케네디가 지금 여기 있는 것 같은데요. 차마 하지 못했던 말 한 가지를 얘기해 주시겠어요?"

나는 이런 질문들이 그들이 인터뷰하는 것이 아니라 자신이 추억하는 현장으로 직접 들어가도록 돕는다고 믿는다. 단순히 "로버트를 생각하니 지금 기분이 어때요?"가 아니라 그 상황 속에 자신을 직면시키는 질문이 가지고 있는 분명한 힘 말이다.

나와 인터뷰할 때마다 눈물을 보였던 그분도 그러고 보면 자신을 감정의 문 앞에 서도록 했을 때 여지없이 억눌렀던 감정이 분출되었다. 누군가 눈물을 흘리는 것 자체가 목적을 달성했다는 의미가 아니라 나와 마주 앉은 사람이 자기 마음속 깊은 곳에 숨겨놓았던 것들을 꺼내 보이려고 했을 때, 인터뷰 영상을 통해 전달하려고 하는 가장 의미 있는 메시지를 얻게 된다는 것이다. 내 입이나 생각이 아니라 그들의 말과 표정을 통해서 말이다. 그리고 이것은 영상을 시청하는 수많은 사람의 마음에도 깊은 자국을 남긴다.

인터뷰 촬영 팁

이렇게 편한 분위기의 인터뷰를 만드는 것과 더불어 인터뷰에서 중요한 것은 어떻게 화면을 만들 것이냐다. 앞서 말했듯 인터뷰 영상은 어떤 분야의 영상보다 훨씬 더 많은 생각과 의도를 심어야 하기 때문이다. 인터뷰 영상에는 단순한 스킬 이상으로 영상제작자가 대상을 바라보는 태도가 녹아들게 마련이다. 그래서 인터뷰 촬영에는 다양한 조명 장비와 소품들이 등장한다. 인터뷰에 등장하는 화면에는 물론 인터뷰이가 있겠지만 주변 배경은 그가 어떤 사람인지를 끊임없이 이야기하고 투사한다. 뉴스에서 전문가 인터뷰를 할 때면 언제나 배경에는 책으로 가득 찬 책꽂이가 펼쳐져 있거나, 대통령을 인터뷰할 때 국기나 국가의 대표 문양 등이 펼쳐져 있는 것을 볼 수 있다. 상황에 따라 조명의 구성과 배치에 따라 인터뷰이의 인상과 상황이 결정되기도 한다. 이렇듯 인터뷰는 매우 심오한 전략과 가치판단이 들어가 있는 섬세한 창작활동이다. 여기에서 인터뷰 영상을 촬영할 때 기억해 두면 좋을 만한 몇 가지 팁에 관해 이야기하려 한다.

첫째, 광각보다는 망원 렌즈를 이용하라. 특별한 목적이 있다면 광각렌즈를 사용하여 인터뷰를 진행하기도 한다. 하지만 기본적으로 인터뷰는 인물을 강조하는 촬영이고, 인물의 사실적인 형태 자

아날로그 필름메이커

체를 보여주는 것이 중요하므로 보통 50mm 이상 구간의 준망원 렌즈 이상의 화각으로 촬영할 것을 추천한다. 광각렌즈 촬영은 필연적으로 화면의 왜곡을 수반하기 때문에 인터뷰에 참여한 이의 '진짜 얼굴'을 왜곡하는 형태로 촬영될 수밖에 없다. 그뿐 아니라 망원 렌즈를 사용하는 이유는 적절히 낮은 심도 유지를 위한 것이기도 하다. 배경이 적당히 뿌옇게 처리되면 인물은 영상 안에서 더욱 강조되는 효과를 누릴 수 있다.

둘째, 배경은 확 트인 장소를 선택하라. 인터뷰를 찍을 때 등장하는 배경은 여러 가지 메시지를 담고 있다. 어떤 배치를 하냐에 따라 인터뷰 전체에 흐르는 제작자의 의도가 시청자에게 무의식적으로 투사된다. 하지만 이런 상징과 의도를 배경에 심으려면 많은 경험과 노력이 필요하다. 처음부터 이런 작업을 하기 힘들 수도 있으므로 이럴 때는 그냥 인터뷰이의 외모를 최대한 부각할 수 있는 배경을 찾는 것으로도 충분하다. 그 경우 나는 인터뷰이를 벽이나 코너로 모는 것에 대해서는 그다지 좋게 생각하지 않는다. 무엇보다 시각적으로도 답답함을 주기 때문이다. 야외라면 나무가 빽빽하게 가린 곳보다는 광활한 개활지, 집에서라면 벽이 아니라 거실의 중간쯤에 앉아 거실 전체의 공간감이 잘 나오는 곳으로 할 것을 추천한다. 그런 경우 낮은 심도를 확보할 수 있고 탁 트인 개방감도 얻을 수 있어 상대적으로 인터뷰이가 훨씬 화사하고 긍정적으로 보이는 효과를 얻을 수 있다. 카메라를 최대 망원으로 세팅하고 인물이 적절하게 화면에 걸리도록 카메라를 직접 뒤로 이동하여 프레이밍한다. 그렇게 하면 망원 렌즈의 최대 성능으로 촬영할 수 있다.

셋째, 로우앵글로 촬영하라. 사람을 찍을 때 '사람 시선보다 조금 위'에 카메라를 두라는 가이드를 종종 읽곤 한다. 나는 이게 나쁘지 않다고 본다. 간혹 인터뷰이들이 턱 밑 살을 부담스러워하는 경우가 있는데 이런 사람들은 오히려 굉장히 높은 하이앵글 카메라를 선호하기도 한다. 이렇게 카메라를 두면 배경이 다소 번잡해지고 그러다 보면 화면의 집중력도 잃어버린다. 야외에서 인터뷰를 진행한다고 가정해 보자. 인터뷰이 뒤에는 자동차가 지나가고 있고 멀리 산과 하늘이 보인다. 보통의 눈높이에 혹은 그보다 조금 높은 앵글로 카메라를 설치하면 화면에 들어오는 것은 분주히 길을 달리는 자동차와 사람들이다.

그럴 때 살짝 카메라의 앵글을 낮추면 화면은 산과 하늘 쪽에 걸리게 되고 그렇게 되면 매우 안정적인 화면을 얻어낼 수 있다. 실내 공간에서도 마찬가지로 뒷부분의 공간감이 충분히 확보된 상황에서 카메라의 앵글을 조금 낮추면 벽과 천정의 구조물 일부들이 화면에 나오고 그런 경우 매우 안정적인 화면의 그림이 만들어진다. 망원 렌즈 구간으로 인터뷰를 진행할 때는 아주 작은 범위 내에서의 앵글 변화도 굉장히 다양한 배경의 변화를 연출해 낼 수 있다. 인터뷰이를 앉혀 놓고 앵글의 변화를 다양하게 시도해서 궁극적으로 인터뷰이가 가장 안정되게 보이는 배경을 찾아내도록 한다. 카메라를 조금 낮춰서 찍으라. 배경의 차원이 달라질 것이다.

넷째, 얼굴에 명과 암이 공존하도록 한다. 사람의 얼굴은 밝게 나

아날로그 필름메이커

오는 것이 중요하다. 그래서 조명이 필요하다고 한다. 하지만 영상을 만들 때 조명은 피사체를 밝게 만드는 기능도 하지만 그에 못지 않게 대상의 입체감을 만드는 중요한 역할을 한다. 인터뷰 화면은 기본적으로 화면에 등장하는 인터뷰이를 가장 아름답게 담아내야 한다. 그도 그럴 것이 인터뷰이가 그 순간만큼은 가장 중요한 콘텐츠이기 때문이다. 사람을 예쁘게 찍는 방법은 다양한 방법이 있겠으나 가장 좋은 방법은 얼굴에 적절히 아름답고 균형 잡힌 입체감을 만들어 주는 것이다. 대개 경우에 아주 플랫한 조명 환경보다 입체감이 있는 환경에서 인물들의 극적 효과가 살아난다. 입체감은 현장의 조명을 적절히 통제하고 창조해 나갈 때 만들어진다.

얼굴에 입체감을 주기 위해 가장 좋은 방법은 단순히 인터뷰이를 창가에 세워두는 것이다. 창가에 드리운 태양광을 받는 부분은 밝게, 그 반대편은 그림자가 만들어진다. 얼굴의 좌우를 대칭 삼아 그림자와 하이라이트를 분할 해 주면 꽤 안정적인 화면이 만들어지니 한 번쯤 시도해 볼 만하다.

이렇게 태양광을 적절히 활용하는 인물 촬영에 익숙해졌다면 어느 순간 빛이 전혀 들어오지 않는 공간에서 직접 조명을 설치해 보게 된다. 그 단계에 접어들면 더 완성도 있는 인터뷰 촬영의 기술적 단계에 들어가게 되고 이렇게 숙달된 인물 촬영기법은 영상 전체의 촬영 태도와 인물을 바라보는 관점에 변화를 준다.

카메라의 한계 인식하기

지금까지 인터뷰 촬영에 대해 이야기를 했다. 이번에는 촬영에 관해 조금 더 실제적인 부분을 이야기를 해보겠다. 카메라로 영상을 담아 보는 것에 알 수 없는 희열을 느끼고, 편집해서 사람들에게 보여주며 이제는 조금 더 영상에 대해 진지하게 배워보고자 하는 마음이 생긴 다면 무엇을 먼저 해야 할까? 나는 영상이라고 하는 미디어의 한계와 힘을 동시에 알아 가고 깨달아가며 영상제작자가 현실과 시청자의 '중계자'로서의 역할을 충실히 이행하고자 하는 '각성'을 얻는 것이 가장 의미 있는 첫 시작이라고 생각한다. 조금 더 쉽게 풀어보면 다음과 같다.

아무리 초고화질 카메라로 찍는다 한들 사람의 시력보다 나을 리 없다. 공간을 인지하는 사람의 시력을 흔히 우리는 8K 정도의 해상 도를 가지고 있다고 한다. 다시 말해 8K 디스플레이를 360도 두른 공간 안에 우리가 놓여 있다면 이론적으로 우리는 적어도 시각적인 면에 있어서 현실과 디스플레이 공간을 구별해 낼 재간이 없는 셈 이다. 그뿐인가? 우리의 청각은 최소 22.1채널의 서라운드 환경과 맞먹는다. 머리에 쓰고 360도 영상의 화면을 보는 것을 VR이라고 하는데 이 '가상 현실'은 우리의 일상을 둘러싸고 있는 '리얼리티' 에 근접하기 위한 기술적 노력에 박차를 가하는 중이다.

예전에 VR 콘텐츠에 관한 프레젠테이션을 준비하면서 이 분야에 대해 다양하게 공부를 한 적이 있다. 개인적으로 무척이나 놀라운 경험을 한 시간이었다. 당시 내가 던지고 싶던 어젠다는 '가상 현실과 실제 현실의 괴리를 기술적인 한계 내에서 어떻게 극복할 수 있을 것인가?'였는데, 현재 기술력으로는 머리에 쓰는 기기를 통해서 '리얼리티'를 결코 구현해 낼 수가 없다.

사람의 시력은 앞서 말했듯 8K, 시야각은 180도에 달한다(가만히 서서 머리를 고정한 채 내가 볼 수 있는 왼쪽 끝과 오른쪽 끝을 확인해보라. 우리의 시각은 180도 정도의 시야각을 보여준다). 우리의 귀는 22.1채널의 서라운드 환경을 달고 있다. 그러나 VR 헤드셋은 잘해봐야 휴대폰 스크린을 반으로 나눈다 쳐도 Full HD 해상도에, 시야각은 120도 내외, 2채널의 이어폰으로밖에 구현할 수 없는, 더군다나 머리에 무언가를 쓰고 있어야 해서, 그것들을 통해 경험할 수 있는 것은 현실과 거리과 멀다.

우리의 일생은 각자 다양한 배경에서 공간을 채우는 대상들이 엎치락뒤치락 만들어가는 스토리로 가득하다. 그 이야기들을 전하는 VR이나 휴대폰, 혹은 TV는 리얼리티를 구현하여 더 많은 사람에게 '공유'하는 매체이자 플랫폼이다. 그런데 기술력의 한계 탓에 현실이 기기를 거치면서 그때마다 리얼리티의 훼손이 일어난다는 것을 우리는 인정할 수밖에 없다. 따라서 삶의 조각들을 편집하여 영상을 만들기 위해 촬영을 시작할 때, 삶의 공간과 공간 속 대상들을 조화롭게 담아낼 수 있을지를 가장 먼저 고민해야 한다. 영상이라는 매체는 생각만큼 직관적이지도 않고 많은 정보를 한꺼번에 제공해줄 만큼 스마트하지도 않아서, 시청자는 영상제작자들의 '친절함'과 '섬세함'에 따라 16:9 사이즈의 제한된 스크린을 통해 얻는 정보의 양과 질에 따른 차이를 경험할 수밖에 없기 때문이다.

이렇듯 영상을 처음 만들어 보겠다고 결심한 사람들은 현실을 반영한 영상을 촬영한다는 것이 얼마나 기술적으로 많은 핸디캡이 있는지를 인식할 필요가 있다. 자신이 전달하려는 리얼리티를 어떻게 영상이라는 플랫폼의 성격에 부합하도록 다른 사람에게 가감 없이 전달할 수 있을까를 고민하는 것을 출발점으로 삼는 것이 좋다. 이 부분은 좋은 스토리텔링을 할 영상제작자가 되기 위한 첫 단계로, 이 책의 어떤 챕터보다 흥미로운 부분이 될 것이다.

객관적으로 대상을 관찰해 보라

'사람은 객관적일 수 있는가?'라는 질문은 살면서 한 번쯤 누구를 통해서라도 들어보게 되는 주제이다. 우리는 경험과 배움을 통해 어떤 상황 속에서도 객관적일 수 없다는 것을 곧 알게 된다. 그럼에도 불구하고 영상 안에서 최대한 객관적으로 보이도록 노력하는 것에서 출발하려 한다. 이러한 노력이 없다면 영상 안에 객관적 시선과 주관적 시선이 혼재되어 시청자가 영상에 몰입하는 것을 방해받게 된다. 객관적인 촬영기법에 대해 이해한 후에야 비로소 우리는 감정과 시각을 넣은 주관적 촬영도 할 수 있다.

우선, 생각과 가치판단을 영상 안에 넣지 않고 최대한 사실적으로 담아보라. 이 목적에 가장 부합하는 영상 포맷은 '뉴스'. 물론 방송뉴스가 객관적이냐에 대해서는 논란의 여지가 있지만, 뉴스는 프로그램의 본질상 객관적인 사실 전달이라는 전제하에서 그 가치를 끊임없이 추구하며 제작된다는 점에서 최소한의 의의가 있다. 방송 뉴스의 객관적인 '그림'을 위해서 여러 규칙이 있으나 가장 대표적인 것으로 영상을 삼각대에 거치해 놓고 촬영한다는 점을 들 수 있다. 핸드헬드(카메라를 손으로 쥐고 촬영하는 기법)는 시청자가 화면 너머의 사실을 누군가의 시선을 통해 바라본다는 주관적 이미지를 줄 수 있으므로, 최대한 투명한 '창문'과도 같은 화면을 만들기 위한 가장 좋은 방법은 바로 삼각대를 이용하는 것이다. 객관적인 영상을 수집하기 위해서 삼각대에 카메라를 얹어 시청자가 화면 밖 누군가의 존재감과 그로 인한 인위적인 느낌을 받지 않도록 해야 한다.

다음으로, 사실 그대로를 화면에서 구현해 보라. 어느 대학의 교수연구실을 찍는다고 하자. 따뜻한 분위기, 을씨년스러운 분위기, 적막하고 고요한 분위기 등 우리는 어떤 공간에 들어갔을 때 공간에 대해 즉각적으로 가지게 되는 자신만의 감정들이 있다. 사실 그런 느낌은 편견에 불과할 수도 있다. 그래서 영상제작자는 감각의 객관화를 위한 연습을 할 필요가 있다. 내 편견과 느낌을 제거하고 공간을 최대한 객관적으로 영상에 표현하기 위해 어떤 '그림'들을 담아야 할까? 가장 먼저 앞서 말한 '삼각대'를 준비한다. 우리는 이제부터 삼각대를 이용해 영상을 찍을 텐데, 이게 바로 객관적인 영상을 위한 첫 준비이다.

가장 먼저 교수연구실이 위치한 건물의 외경을 찍는다. 건물 안으로 들어가 교수연구실 내부 전경도 찍는다. 와이드 렌즈가 있다면 공간 전체를 한꺼번에 담을 수도 있겠다. 또는 카메라를 좌우로 움직이면서 공간 전체를 담아놓아도 된다. 앞서 우리는 그 어떤 가치판단도 넣지 않기로 약속했기에 최대한 삼각대를 이용해 촬영자의 존재가 느껴지지 않도록 어떠한 움직임도 없이, 움직이더라도 일정하게 느린 속도로 최대한 건조하게 찍는다. 촬영이 끝난 뒤에는 그 공간을 설명하는 가장 핵심적인 요소들에 조금 더 주목하여 촬영한다. 교수연구실에 책이 가득하다면 당연히 책이 빼곡히 들어선 책장을 찍어야겠다. 늦은 오후 햇살이 강렬하게 들어오는 시간이라면 강렬한 햇빛과 많은 책이 한 번에 부각될 수 있도록 구도를 조금씩 바꿔 가면서 찍는다. 창가에 교수님이 앉아 있다. 당연히 이것도 실재하는 객관적 정보 중 하나이기에 교수님이 앉아서 책을 읽거나 컴퓨터 자판을 두드리는 모습을 찍는다.

이 모든 촬영과정에서 가장 기본적인 요건 하나를 더 짚어보자. 이 모든 촬영 영상이 모두 수평 수직 정렬이 되어야 한다는 점이다 (상식적으로 누구도 이 상황에서 삐딱하게 고개를 돌린 채 공간을 관찰하진 않을 테니 말이다). 수평이 맞지 않는 것조차 우리는 가치가 개입된 것으로 규정할 수 있기 때문이다. 이미 대중에게도 많이 알려진 촬영기법 중 하나가 대상을 위에서 아래로 내려 보거나 반대로 대상을 아래에서 위로 올려다보면서 찍는 것이다. 여기에는 촬영자의 메시지가 담겨 있다. 위에서 아래로 내려다보는 앵글이 상대적으로 피사체를 왜소하게 그려내기 때문에 제작자가 피사체를 열등하게 묘사할 때 사용하고, 반대로 거대하고 위압적인 상대방을 그리기 위해서 카메라 앵글을 일부러 피사체보다 낮게 두고 촬영한다.

여기까지가 우리가 최대한 객관적으로 담은 공간의 정보다. 실제 생활에서 우리는 '늦은 오후 햇살이 가득 들어오는, 책장에 책이 빼곡하게 꽂혀 있는 교수연구실에 앉아 있는 교수님'을 직관적으로 단 한 번의 오감 정보를 이용해서 얻어낼 수 있다. 그러나 영상이라는 플랫폼으로 이 정보를 그대로 시청자에게 전달하기 위해서는 단순히 카메라를 세워 놓고 그 공간을 찍는다고 되는 것은 아니다. 내가 카메라 앞에 서서 화면을 통해 바라본 공간이 사실 햇살도 많지 않고 책도 잘 보이지 않는다면, 그것은 아무 여과 없이 교수연구실을 비추고 있는 것이 사실이지만, 우리가 현장에서 느끼는 '진실'과는 거리가 멀다. 영상제작자가 공간에 대해 스스로 가치판단을 내리기 이전에 이해하고 있던 공간에 대한 정보와 사실을 화면이 그대로 담아내지 못한다고 판단된다면, 그 공간의 특성이 '진실'에 부합하도록 화면을 '만들어'가야 한다. 삼각대를 조금 더 높여서 햇빛이 잘 들어오도록 한다든가 카메라의 위치를 햇살 쪽으로 옮긴다든지 말이다.

이렇게 영상제작자가 객관적 요소들을 하나씩 촬영해 놓고 편집의 과정에서 차례로 노출하면 시청자들은 비로소 공간을 시각화하여 자신만의 느낌을 얻을 수 있게 된다. 다시 말하지만, 카메라가 꼭 공간의 진실을 담는 것은 아니다. 하지만 때로는 이런 규칙이 영상제작자의 의도에 의해 얼마든지 변주될 수 있다. 영상 안에서 공

간에 대한 정보를 시청자들이 충분히 인지하지 못했을 때 느끼는
심리적 압박감을 이용해 스토리텔링을 해야 할 필요성도 있기 때문
이다. 공간에 대한 정보를 충분히 노출하지 않음으로써 얻는 효과
도 분명히 존재한다.

점층 촬영의 4단계

이렇게 공간에 대한 '객관적인' 진실 전달, 이것이 시작이다. 어디로
이동을 하건, 영상제작을 위해 촬영을 하려는 우리는 다음과 같은 네
가지를 영상에 담아야 한다.

· 공간을 둘러싼 환경

· 공간 전체

· 공간 안에서 강조된 부차적인 몇몇 정보

· 공간을 채우고 있는 사람

  나는 이것을 영상 '점층 촬영의 4단계'라고 이름 붙이고 싶다. 그
리고 이때는 어떤 가치판단도 들어가지 않도록 최대한 안정된 샷으
로 담아낸다. 이런 규칙을 적용하는 이유는 앞서 언급했듯 그것이
오감을 활용해 현장의 정보를 습득해 내는 방식과 같기 때문이다.
  촬영할 때 이렇게 사실을 그대로 담는 연습은 우리가 앞으로 영
상을 제작할 때 꽤 유용할 것이다. 모처럼 여행을 가서 유튜브에 올

릴 브이로그를 찍는다고 하자. 우리는 많은 곳을 다녀야 한다. 그중 오늘 방문할 곳은 맛있는 돈가스 음식점이다. 이제 어떤 영상을 찍어야 할까? 이 경우 앞서 말한 '점층 촬영의 4단계'가 똑같이 적용된다.

우선 거리에서 바라본 식당의 모습이다. 식당 앞으로 지나는 자동차들과 분주히 다니는 사람들의 모습을 찍는다. 식당 안으로 들어가 실내 전경을 찍는다. 세부묘사의 목적이 아니라 공간에 대한 정보를 전달해 주는 것들이다. 다음으로 공간을 구성하고 있는 세부적인 정보를 담는다. 열심히 음식을 만드는 사람들, 벽에 크게 붙어 있는 포스터, 메뉴. 현장이 왁자지껄 소란스럽다면 이야기를 나누는 손님들의 모습도 담아본다. 끝으로 그 공간의 주체인 나와 지인의 모습과 음식을 담으면 되겠다. 이때 앞서 말한 최대한 객관적인 촬영이 되기 위해서는 화면의 움직임이 없도록 삼각대로 고정해 놓는 것이 좋다. 각각의 테이크와 호흡을 길게 촬영해 편집 시에도 최대한 길고 루즈하게 편집하도록 한다.

어떤 장소를 옮겨 다녀도 이와 같은 규칙에 따라 촬영을 진행한다. 다시 한번 말하지만, 영상제작자는 일종의 큐레이터, 즉 16:9 비율의 작은 화면을 통해서만 세상을 보는 사람들을 안내하는 투어 가이드와 같다. 그렇다면 투어 가이드인 나의 시선과 방식이 아닌, 내 여행을 따라오는 사람들의 눈높이에 맞는 가이드를 해야 한다. 이 '투어 가이드' 직업은 영상을 만드는 모든 영상제작자에게 주어진 일종의 '직책'이다. 이 욕구를 채워주지 않으면 시청자들은 그 가이드가 안내하는 여행에 싫증을 내고 집중하지 못해 결국 이탈하게 된다.

보정 기술

다음 단계로 '보정'에 대해 이야기해보려 한다. 보정이라는 단어를 나는 이렇게 정의하고 싶다. '사실을 해치지 않는 범위 안에서 그 공간을 가장 자연스럽게 조정하는 행위'라고 말이다. 이런 식의 정의는 조금 어렵고 자의적인 것 같기도 하다. 구체적인 사례를 살펴보자.

두 사람이 커피숍에서 대화하고 있다고 하자. 그들은 서로 아주 오랜 시절부터 친하게 지내던 친구로 모처럼 만나 이야기꽃을 피우고 있다. 나는 두 사람의 만남과 이야기를 영상으로 만들려 한다. 물론 앞서 말한 점층 촬영의 4단계를 적용해서 말이다. 우선 커피숍 밖으로 나가서 커피숍과 주변 공간이 한눈에 들어오도록 찍는다. 공간에 대한 구체적인 정보를 주고 싶다면 거리의 표지판이나 지하철역 간판 등을 따로 보여줘도 좋다. 그와 함께 따뜻한 햇볕이 내리쬐는 화창한 봄날 같은 계절 정보가 전달되도록 찍는다. 그러고 나면 커피숍 안으로 들어가 내부 공간을 보여준다. 화면에는 마주 보고 있는 친구 두 명이 화면에 같이 나오도록 해도 좋다.

자, 이제 두 사람의 테이블에 더 가까이 왔다. 앞서 나는 영상제작자는 큐레이터이자 좁은 화면으로 세상을 바라볼 수밖에 없는 여행자들의 여행을 돕는 투어 가이드라고 했다. 시청자들에게 두 사

아날로그 필름메이커

람이 지금 하는 일을 보여주기 위해서는 우리가 실제로 그 대화에 참여했을 때 어떤 식으로 우리의 시선과 관심이 전이되는지를 살피고 그 방식대로 화면을 구성해주면 된다.

처음에는 한 화면에 두 사람이 앉아 있는 장면을 보여준다. 두 사람 중 한 명은 이야기하고 한 명은 듣고 있을 것이다(두 사람이 동시에 떠들고 있거나 듣고 있는 상황을 생각해 보니 이상하다. 대부분의 대화 장면은 화자와 청자가 화면에 동시에 나온다). 시청자는 둘 중 누구에게 관심이 옮겨질까? 바로 말하고 있는 사람이다. 그렇다면 카메라는 말하는 사람 쪽을 비추며 그 친구가 말하는 내용과 분위기를 담아낸다(이때 카메라와 말하는 친구 사이에 듣는 친구의 어깨가 살짝 보이면 훨씬 좋은 화면이 만들어진다). 이렇게 말하는 사람이 한참 말을 하고 있다고 하자. 그럼 우리의 관심은 이번에 듣는 이로 옮겨간다. 대화의 분위기가 어떤지를 결정하는 것이 바로 듣는 이의 태도이기 때문이다. 말하는 이가 왁자지껄 목소리를 높여 이야기한다면 카메라를 옮겨 듣는 이의 표정을 담아낸다. 흥미진진한 모습이나 고개를 끄덕이는 모습 등이 보일 것이다. 그리고 나서 다시 두 사람이 동시에 화면에 나오도록 하여 대화 장면을 마무리한다.

이제 여기서 보정을 해보자. 두 사람이 만나고 있는 커피숍 밖으로 나가서 커피숍 건물을 찍는 상황이다. 그런데 커피숍 앞에 아파트 분양 광고를 하는 가판대가 있고 직원 둘이 바쁘게 광고 전단을 나눠주고 있다. 문제는 이런 장면은 우리가 흔히 알고 기대하는 그런 화면이 아니라는 것이다. 나는 자연스럽게 친구가 서로 만나 이야기하는 커피숍의 평화로운 장면을 보여주고 싶을 뿐이다. 실제로 두 친구가 만나고 있는 그 순간 밖에서는 아파트 분양 광고 전단을 나눠주는 게 '사실'이고 '진실'이지만, 자연스러운 이야기의 흐름에서 불필요한 정보로 보아 걸러낼 수 있다. 즉, 다음날 다시 이곳을 방문하여 그 앞에 아무것도 없는 상태의 커피숍 건물을 다시 찍어놓을 수 있다. 혹은 전혀 다른 공간의 평화로운 영상을 마치 그 공간인 것처럼 둔갑시켜도 된다. 일종의 선의에 기반한 '기만'인 셈이다. 이것은 사실을 '왜곡'하는 측면이 분명히 있다. 하지만 우리가 기대하고 예측하는 범위 내에서의 그림을 만들어가는 것, 쭉 뻗은 가지를 위해 잔가지를 쳐내는 것 정도로 보정이라는 과정을 이해하면 좋겠다.

커피숍 안으로 들어와 카메라를 세워 놓자 때마침 친구 한 명이 재미있는 이야기를 하고 있다. 이야기 내용이 영상에 넣고 싶을 만큼 꽤 재미있고 말하는 이도 신나게 이야기하고 있었지만, 안타깝게도 반대편에서 듣고 있는 친구의 반응이 조금 밋밋하다. 만일 이 부분을 영상에서 그대로 내보내면 영상의 테마는 밝고 반갑고 따뜻한 영상에서 칙칙하고 우울한 친구들의 만남이라는 주제로 한꺼번에 바뀌어 버리고 만다. 나는 '오랜만에 만난 친구들의 분위기 좋은 대화'라는 애초 영상의 목적에 맞추기 위해 이 부분을 보정하고 싶다. 즉, 재미있게 말하는 친구와 그 친구의 말을 흥미진진하게 듣고 있는 반대편 친구의 모습으로 말이다. 그래서 다른 시간대에 찍힌, 귀를 쫑긋 집중하며 듣고 있는 상대방의 모습을 가져와 붙인다. 그렇게 되면 생각보다 괜찮게 보정 작업이 완성된다.

　실제로 이렇게 상호작용 속에서 일어나는 보정 작업은 꽤 광범위하게 사용되고 있다. 예컨대 무대 위에서 누군가가 열심히 프레젠테이션을 하고 있고 중계 촬영팀은 열심히 그 장면을 화면에 담아내고 있다. 보통 이렇게 큰 홀에서의 실황을 영상으로 제작해 내는 작업은 보통 카메라 네 대 정도로 세팅하면 좋을 것 같다. 첫 번째 카메라는 홀 끝에서 청중석 전체를 커버하는 공간 전체를 담아내는 역할을 한다. 두 번째 카메라는 무대 위에서 프레젠테이션하는 사람을 위주로 잡는다. 이리저리 움직일 때 같이 따라다니는 전담 마크맨인 셈이다. 세 번째 카메라는 무대 전체가 보이도록 잡아내는 카메라다. 이 카메라의 역할은 연사가 바뀌거나 혹은 무대 위에서 특정한 이벤트가 열릴 때, 혹은 무대 위의 스크린 화면을 보여줄 때 사용된다. 연사가 잠깐 노트북을 연결하기 위해 허리를 숙이는 등 연설 이외의 활동을 해야 할 때, 세 번째 카메라가 그 역할을 담당해야 한다. 네 번째 카메라는 무대 뒤편에 서서 청중을 찍는다. 이 카메라는 두 번째 카메라가 열심히 연사의 연설 모습을 찍으면서 그것에 반응하는 청중을 보여주고 싶을 때 활용된다. 고개를 끄덕이거나 무언가를 열심히 적고 손뼉도 열심히 치는 청중의 모습을 이 카메라는 담아낼 것이다.

　네 번째 카메라는 현장에서 중계 영상을 제작할 때 여러 리스크를 안고 있다. 보통은 스파이캠처럼 망원 렌즈를 통해 청중을 당겨서 찍기 때문에 청중은 보통 자신들이 화면에 노출되는 것을 인지

하지 못한다. 그러다 보니 열심히 무언가를 설명하는 프리젠터 다음 샷으로 청중 중 누군가의 화면으로 넘어갔는데, 그 청중이 하품을 크게 하거나 갑자기 곁눈질로 누군가를 힐끗 보게 되는 화면이 만들어지면 전체적인 영상의 흐름에 즉각적으로 타격을 주게 된다. 현장에서 영상을 실시간으로 중계하고 만들어가는 사람들이 기대하는 것은 열심히 무언가를 강조하는 연사 다음 화면으로 고개를 끄덕이는 청중, 감동적인 연설의 순간에는 눈시울이 뜨거워지는 청중, 흥미진진한 이야기로 좌중의 웃음을 만들어 내는 순간 박장대소하는 청중의 모습이 담긴 화면이다.

이것이 화면에서 우리가 기대하는 조화로운 흐름이다. 그래서 이런 요건이 충족되지 않는 경우 영상제작자들은 편집실로 돌아와 기대만큼 조화롭지 않은 청중들의 화면을 다른 화면으로 대체하는 작업을 한다. 즉 4번 카메라는 별도의 녹화기를 이용해 녹화본이 존재하는 경우가 대부분이므로 상황에 맞는 청중의 모습으로 대체하게 된다.

보정의 개념을 이해했으리라 생각한다. 보정의 과정은 TV 방송국 같은 거대 제작 시스템 환경뿐 아니라 대다수의 일반적인 영상제작에서 실제로 많이 활용된다. 우리 학과의 홍보영상을 내가 직접 만든다고 하자. 강의실에서 교수님이 학생들에게 무언가를 열심히 가르친다. 그렇다면 시청자들은 으레 열심히 듣고 있는 학생들의 이미지를 다음 화면으로 상상한다. 따라서 교수님이 학생들을 가르치는 순간에 학생들이 그다지 열정적인 모습으로 듣고 있지 않

　　　　　　　　　　　　　　　　　아날로그 필름메이커

앉다면, 일반적인 기대치를 충족시키는 화면으로 보정을 하게 된다. 교수님 쪽 촬영이 마무리되면 이번엔 학생 쪽으로 카메라를 설치해 인내심을 가지고 학생들이 수업에 집중하는 모습을 담는다. 편집의 과정에서 두 화면을 적당히 매치하면 멋지게 보정된다.

긍정적인 스토리텔링을 위해서는 이렇게 예측 가능한 수준에서 (긍정적인 방향으로의) 보정이 거의 필수적이다. 웨딩 영상같이 순식간에 필요한 장면들이 지나갈 때도 보정은 언제나 고려된다. 신랑이 신부를 위해 멋지게 축가를 하고 있다. 그런데 신랑이 너무 축가를 못 불러 주변 사람들이 모두 난처해한다. 신부도 당황할 것이다. 그런 경우 영상으로 만들기 위해서는 어떻게 해야 할까? 물론 난처해하는 그대로의 화면을 구성해도 되긴 하다. 그런데 신랑과 신부는 적절히 잘 포장된 화면을 원할 가능성이 크다. 그럴 경우를 대비해서도 '보정'이 필요하다. 진지하게 노래 부르는 신랑의 모습 다음 장면으로, 좌중의 폭소나 난처해하는 표정이 아닌, 신부의 미소를 찾아서 다음 장면에 넣어 주는 것이다. 그렇게 하면 그 전체가 깨끗이 윤색되어 물 흐르듯 자연스럽고 편안한 영상이 만들어진다. 우리의 관심이라는 안테나가 이곳에서 저곳으로 전이되고, 의식이 자연스럽게 흘러가는 방향 그대로 영상이 시청자의 욕구를 채워주는 촬영과 편집이야말로 가치판단을 뺀 영상이면서도 가장 잘 만들어진 영상이다.

보정의 또 다른 이름, '악마의 편집'

이쯤 되면 여러분은 한 용어가 떠오를지도 모르겠다. '악마의 편집.' 꽤 오래전 Mnet의 인기 오디션 프로그램이었던 〈슈퍼스타 K〉를 기억하는가? 그 프로그램은 케이블 TV의 콘텐츠 경쟁력이 지상파 TV를 압도하는 포문을 연 프로그램으로, 상대적으로 'B급'으로 인식되었던 케이블 TV가 콘텐츠의 힘만으로 얼마든지 시청자들의 마음을 사로잡을 수 있음을 입증한 매우 의미 있는 사례로 기억된다. 이 프로그램은 노래를 사랑하는 일반인들이 서바이벌 형식으로 탈락과 진출을 거듭하는, 기본적으로 높은 긴장감과 빠른 호흡으로 제작되는 프로그램이었다. 이 프로그램이 유명세를 치르면서 이름표처럼 따라다닌 말이 있다. 바로 '악마의 편집'이다. 지금까지 말한 '보정의 기술'이 과도하게 들어갔기 때문이다.

기본적으로 영상 안에서 보정이라는 기술이 가능한 이유는 사람들이 영상을 시간의 순차성을 전제로 시청하기 때문이다. 그러나 정작 만들어진 영상은 시간의 순차성과 무관하다. 즉, 앞에 일어났던 일이 뒤에 들어갈 수도 있고, 뒤에서 일어났던 일을 앞으로 끼워 넣을 수 있다. 우리가 말한 '보정'의 방식 그대로 악마의 편집은 작동한다.

〈슈퍼스타 K〉에서 흔히 사용된 악마의 편집이란 이런 식이다. 누군가가 노래 도중 실수를 했을 때, 심사위원의 싸늘한 표정이 다음 장면으로 나가는 것. 사실 그 실수가 일어난 당시에 심사위원이 그 정도로 싸늘한 표정을 짓지 않았을 수 있다. 그러나 제작진은 실수

아날로그 필름메이커

장면 다음으로 나갈 가장 적절한 화면을 찾기 위해 그날 심사위원의 촬영분 전체를 찾아 헤맸을 가능성이 크다. 그래서 다른 출전자들의 노래를 듣고 있을 때 촬영했을지 모를 싸늘하고 냉담한 반응을 보인 화면을 가져다가 넣게 된 것이다. 졸지에 실수를 한 친구는 심사위원으로부터 '레이저'를 받은 사람으로 둔갑하게 된다.

조별 경연을 위한 준비단계에서 누군가가 자신의 의견을 열심히 이야기한다. 그 이야기를 듣던 다른 사람이 갑자기 긴 한숨을 쉰다. 옆의 다른 사람도 고개를 떨군 채 아무 반응이 없다. 그걸 아는지 모르는지 그 사람은 열심히 이야기한다. 이 부분에서도 마찬가지로 강한 보정의 기술이 들어갔을 가능성이 크다. 어떻게 했을까? 요즘 리얼리티 예능은 출연자마다 하나씩 전담 카메라맨이 붙는다. 그래서 녹화 중 그들의 거의 모든 행동을 카메라에 담는다. 그러다 보면 제작진은 출연자 한 사람이 하는 거의 모든 종류의 리액션을 얻을 수 있다. 열심히 듣는 장면, 깔깔거리고 웃는 장면, 시무룩한 장면, 눈치 보는 장면 등등. 그리고 나면 프로그램의 스토리텔링과 갈등 구조에 맞게 원하는 리액션 장면을 끼워 넣기만 하면 되는 것이다.

보정과 왜곡은 본질에서 같은 기술이지만, 스토리텔링 구조에서 적극적으로 제작자의 의도에 의해 선택되고 결정된다. 영상 안에서 우리의 이야기를 보다 풍성하고 다이내믹하게 만들어 주기 때문이다. 이렇게 제작자 자신의 관점과 의도가 반영된 보정의 기술은 스토리 전체를 끌고 가는 힘이 되고, 제작자의 능력이 된다.

앞서 돈가스를 먹으러 가는 여행 브이로그를 찍는 상황으로 돌아가 보자. 그 돈가스집에서는 최대한 제작자의 의도를 빼고 객관적인 영상 담기에 집중했었다. 그러나 여기에 보정의 기술을 넣어 제작자의 의도를 얼마든지 심을 수 있다. 보정이건 왜곡이건 방법은 동일하다. 문제는 제작자의 의도이다. 진실을 강화할 목적이든 기만을 위한 의도든 모두 제작자의 손에 달려있다.

늦은 밤, 늦은 저녁 식사라는 것을 알리기 위해서는 어떻게 해야 할까? 밤 9시에 근접한 벽시계, 그리고 사람들이 테이블을 떠나는 모습을 적절히 촬영한다. 그 후 일행 중 한 명이 벽을 보거나, 주변을 힐끗 쳐다보는 장면을 따로 담아두어 편집 과정에서 그 세 장면을 적절히 배치한다. 사실 네 장면은 아무런 연관이 없을 수도 있다. 그러나 장면이 서로 합쳐지면 마치 시간이 늦어 테이블은 점점 비워지고 있는데, 그것이 부담스러워지는 일행들이라는 메시지가 만들어진다. 우리가 별다른 멘트를 영상에 삽입하지 않아도 영상의 기법으로 충분히 전달하려고 하는 메시지를 전달할 수 있다. 이 지점에서 누군가 이런 의문을 가질 것이다.

"그냥 '지금은 늦은 밤 9시. 손님들은 돌아가고 늦은 저녁 식사를 위해 우리는 홀로 앉았습니다'라는 내레이션만 삽입하면 다 해결되는 것 아닌가요?"

맞는 말일 수도 있다. 앞서 영상이라는 미디어 자체의 특성에 관해 이야기했다. 영상이 가지는 고유한 특성을 십분 이용해 영상을 만드는 것이 영상을 만드는 목표가 되어야 한다고 말이다. 이 모든 과정을 내레이션으로 처리해 버린다면 영상을 만드는 행위라기보다 '말하기'를 영상으로 옮겨온 것에 그치고 만다. 그래서는 우리가 집중하려는 영상 매체의 특성을 제대로 이용했다고 보기 힘들다. 내레이션으로 처리한다 해도 시각적으로 강조하기 위해서라도 그 장면은 꼭 필요하다. 해당 내레이션이 흐를 때 돈가스 밀가루 반죽을 하는 장면이 나오거나 일행 중 누군가의 식사 장면이 나온다면 메시지 전달 효과는 오히려 반감될 수밖에 없다.

지금까지 인터뷰 영상을 만드는 방법과 스토리텔링을 위한 기본적인 촬영의 구성에 관해 이야기했다. '점층 촬영의 4단계'와 보정 기술만 잘 염두에 두고 촬영한다면 여러분은 풍성한 공간감과 군더더기 없이 자연스럽게 흘러가는 영상을 기획하고 만들어갈 수 있게 될 것이다. 이제부터는 촬영하면서 지켜야 할 조금 더 엄격한 몇 가지 규칙에 관해 이야기해보려 한다. 이것들은 더 나은 영상을 만들기 위해 권장하는 최소한의 규칙이다. 섀도잉을 통해 영상작업에 도전해 보고, 영상의 완성도에 대해 고민하는 시점에 다다르면 다음에서 설명하는 규칙들에 대해서도 본격적으로 고민해 보는 것을 권한다.

왜 내가 찍은 영상은 별로일까

실제로 촬영을 하다 보면 결과물이 썩 마음에 들지 않거나 다른 완성도 높은 유튜브의 영상과 많이 차이나는 점을 눈치챌 수도 있다. 왜 내 영상은 이 정도밖에 되지 않을까?

요즘은 보급형 미러리스 카메라도 웬만해서는 화질이 매우 좋다. 즉, 영상의 화질이 문제라기보다 내가 찍은 화면의 '느낌적인 느낌'이 문제인 경우가 대부분이다. 이렇게 촬영을 하고 편집하려는 사람들 대다수는 이미 많은 영상을 관심 있게 시청해 왔을 가능성이 크기 때문에 자신들이 보아 왔던 영상과 비교했을 때, 다른 느낌과 분위기의 영상에 어찌할 바를 몰라할 수도 있겠다.

완성도 있는 촬영이란 지극히 주관적인 영역일 수 있기에 이번 장에서는 영상의 최소한의 수준을 유지하기 위해 기억해야 할 것들에 대해 간단히 짚어보려 한다.

첫째, 삼각대로 촬영하라. 촬영기법 중 손으로 카메라를 들고 흔들리듯 찍는 핸드헬드라는 기법이 있다. 카메라를 흔든다고 해서 무조건 핸드헬드 기법으로 촬영했다고 말하기는 힘들다. 단순히 카메라를 들고 찍는 행위에는 그 어떤 의도도 들어있지 않기 때문이다. 명확한 이유를 가지고 핸드헬드로 찍어야 한다. 대다수 처음 영상을 시작하는 사람들의 경우 걸어가면서 피사체를 찍거나 과도하게 줌인 된 상태에서 촬영한다든지, 카메라 견착을 제대로 하지 않은 채 불안한 자세로 촬영을 하면 카메라가 흔들리게 되고, 화면도 요동치게 된다. 언젠가 어떤 후배가 찍은 화면을 리뷰하던 중 카메라가 일정하게 위아래로 흔들리는 것을 감지한 적이 있다. 흔들림이 심한 이유가 무엇일까를 오랫동안 생각해 보다가 숨을 쉬고 있던 것이 그대로 카메라의 움직임에 반영된 것을 알고 아연실색했던 적이 있다.

영상을 보다 완성도 있게 찍고 싶다면 삼각대를 이용해야 한다. 가장 안전하고 빠른 방법이다. 전문 영상제작자도 마찬가지이다. 앞서 삼각대는 주관을 제거한 객관적인 화면을 얻어내기 위한 도구로도 활용된다고 했다. 화면의 기본적인 퀄리티를 만드는 데도 역시 삼각대는 필수적이다. 시간에 쫓기고 피사체의 움직임에 쫓기다 보면 불가피하게 촬영자가 함께 움직이거나, 한곳에 서서 피사체를 향해 화면을 당겨서 촬영할 수밖에 없다고 변명 아닌 변명을 하지만 그렇게 찍는 경우 절대로 좋은 화면을 얻을 수 없다. 삼각대를 쓰는 건 예비 동작이 많은 다소 번거로운 작업임은 분명하지만, 프로와 아마추어의 경계를 허물 수 있는 가장 좋은 촬영 방법이다.

초보자를 대상으로 촬영 클래스를 가끔 하게 되면 웃지 못할 일이 발생하기도 한다. '여기 있는 이 공간을 한번 카메라에 다 담아보세요'라는 미션을 주었더니 한 수강생이 카메라의 줌을 당겨 좌에서 우로 공간을 훑더니 다시 아래로 카메라를 내리고 다시 우에서 좌로 훑으며, 마치 로봇청소기가 청소하듯 공간 전체를 훑어 내려갔다. 그렇게 촬영한 화면은 편집 과정에서 쓸 수가 없다. 카메라를 삼각대에 올려놓고 안정적으로 촬영된 샷은 그다지 창의적인 것처럼 보이진 않아도 실패할 확률을 최대한 줄일 수 있다. 삼각대로 안정된 촬영을 하는 경우 롱테이크로 촬영하는 것도 잊지 말아야 한다. 편집하는 과정에서 영상의 길이가 긴 것은 짧은 것보다 언제나 유용하다.

둘째, 화이트밸런스는 보정할 수 있지만, 하이라이트는 보정할 수 없다. 영상을 찍다 보면 발생하는 실질적인 문제 중 하나는 얼마나 밝게 찍을 것인가에 대한 기준이 명확하지 않다는 것이다. 보통 카메라에 달린 LCD를 기준으로 촬영하게 되는데, 본능적으로 우리는 밝은 화면을 선호하기 때문에 특별한 기준 없이 무턱대고 밝은 화면으로 찍는 경우가 많다. 그 바람에 편집 과정에서 화면의 디테일이 하얗게 날아가 버려 애써 찍은 영상을 쓸 수 없는 상황에 놓이기도 한다.

이때 가장 좋은 방법은 카메라들이 기본적으로 제공하는 적정 노출값 표를 이용하는 것이다. 히스토그램을 켜거나 'Zebra'를 활성화하여 하이라이트 부분을 확인하면서 체크하는 것이 가장 좋겠지만 초보자에게는 다소 번거롭고 귀찮은 일이다. 다른 방법을 찾는다면 이런 것도 있다. 우리가 사용하는 영상편집용 모니터는 그나마 계조표현이 적당한 수준일 것이다. 화면에서 보이는 밝기와 가장 근접하게 카메라 LCD의 밝기를 세팅하고 또 어떤 값으로 촬영된 것이 가장 적당한 밝기의 화면인지 수치를 기억해 놓는 것이다. 적당한 밝기의 기준은 하늘의 디테일에 두면 된다. 간혹 하얀 의상을 입고 온 사람을 찍는 경우 하얀 옷의 구김으로 만들어진 그림자들의 디테일도 좋은 기준이 될 수 있다.

대낮에 영상 촬영하는 경우에 피사체를 밝게 찍고 싶은 욕심 때문에 하늘 부분이 하얗게 날아가는 경우가 많다. 이렇게 밝게 날아간 화면은 편집 과정에서 복구할 수 없게 된다. 그렇지만 조금 어둡게 찍힌 부분은 색상, 밝기 정보가 유효한 경우가 많으므로 보정 과

아날로그 필름메이커

정을 거쳐 상당 부분 디테일을 살릴 수 있다. 따라서 조금 어둡게 찍더라도 화면에서 가장 밝은 부분의 디테일을 조금 살리는 방향으로 촬영하는 것이 현명하다. 화이트밸런스를 잘못 세팅하여 촬영하는 경우 후보정으로 어느 정도 보정이 가능하기에 그러한 실수는 어찌 보면 최악의 실수는 아닐 수 있다. 그렇지만 하얗게 날아간 하이라이트 부분은 원천적으로 복구 불가능하므로 촬영하는 순간 많은 주의가 필요하다.

셋째, 영상의 절반은 오디오가 맡고 있다. 영상을 제작하면서 깨달아야 할 것 중 하나가 음향의 중요성이다. 촬영 당시 현장 음향의 중요성이라고도 할 수 있겠다. 영상을 촬영하다 보면 당장 보이는 것이 화면이기 때문에 상대적으로 음향의 중요성을 놓치고 가는 경우가 많다. 〈아날로그 필름메이커〉 채널에서도 음향의 중요성에 관해 이야기한 적이 있는데, 촬영할 때 음향은 무엇보다 중요하다. 풍경을 촬영하거나 거리를 촬영할 때는 크게 차이가 나지 않지만 촬영하는 사람이 카메라 앞 누군가와 대화를 할 때는 프로와 아마추어의 차이가 명확하게 난다. 보통 카메라의 빌트인 마이크를 사용해 촬영할 경우, 카메라맨의 목소리가 카메라와 더 가까우므로 카메라 앞에 있는 주인공의 목소리가 정작 카메라맨 목소리보다 작게 들어가는 불상사가 발생할 수 있다. 촬영하면서 카메라를 조작하는 소리나 카메라를 두드리는 소리 등 불필요한 잡음들이 고스란히 담긴다. 이 부분을 해결하려면 원래는 무선 마이크를 쓰거나 샷건 마이크를 이용해야 하는데, 유명한 브랜드의 제품을 살펴보면 가격이 만만치 않은 경우가 많다.

이 문제를 해결하기 위한 여러 손쉬운 방법이 있다. 사람들이 늘 들고 다니는 휴대폰의 녹음기능을 이용해 카메라 앞의 인터뷰 대상자가 휴대폰을 마이크처럼 들고 이야기하게 하는 것이다. 녹음한 음성은 편집 과정에서 영상과 싱크를 맞추어 주면 된다. 조금만 기준을 낮추면 해외 구매 대행 사이트를 통해서 기존 제품의 1/10 가격의 저렴한 2~3만 원대 가성비 좋은 샷건 마이크를 구할 수 있다. 이 정도만 갖춰서 촬영해도 영상의 퀄리티가 비약적으로 올라가는 것을 확인할 수 있다. 거리의 풍경을 찍을 때도 사실은 별도의 마이크가 필요하다. 무선 마이크나 샷건 마이크는 보통 1채널로 녹음되지만, 스테레오 마이크는 2채널이 별도로 녹음되는 기능을 제공하기 때문에 바람 소리나 자동차 소리 등을 담는 용도로는 충분히 훌륭한 결과물을 만들어 낸다.

넷째, 다양한 각도의 화면을 담아내라. 한마디로 게으른 촬영을 경계하라는 말이다. 게으른 촬영을 후회하는 경우는 언제나 편집하는 과정에서 발생한다. 영상은 다이내믹한 미디어다. 사람들의 시선과 관심을 끌기 가장 좋은 매체인 영상은 가능한 창의적이고 다양한 장면을 화면으로 보여준다. 내가 만든 영상이 별로라고 생각되는 이유 중 하나는 그다지 재미있는 영상이 아니기 때문일 수도 있다. 빈곤한 상상력과 습관적인 태도가 이 문제의 가장 중요한 요인이다. 이 문제를 해결하기 위해서는 현장에서 촬영할 때, 자신이 담기 원하는 장면을 다양한 각도와 방향에서 담아보도록 노력해야 한다. 부지런히 이리저리 움직이다 보면 가끔 아주 좋은 구도와 각도를 발견하기도 하기 때문이다. 내 느낌과 감정 전달에 충실한 촬영기법은 스스로 발견해야 할 때가 있다. 현장에서 부지런하지 않으면 이런 발견도 일어나지 않는다.

나는 개인적으로 여행을 좋아하는 편이다. 여행을 갈 때면 언제나 카메라를 들고 간다. 영상제작자와 함께 하는 여행이란 사실 매우 피곤하고 귀찮은 여행일 수 있다. 좀처럼 촬영의 결과물에 만족하지 못하기 때문이다. 나 역시도 마찬가지이다. 주로 가족들과 여행을 함께 하는데 내가 촬영을 하게 되면 나와 함께 이동하고 있던 가족들은 어느 순간 저 멀리서 기다리고 있는 일이 반복되기 시작한다. 이게 은근히 스트레스가 되었다. 그래서 가족들과 여행할 때는 아예 촬영에 대한 욕심을 버리는 편이다. 내가 가장 행복했던 순간은 2주 동안 싱가폴, 태국, 베트남을 혼자 여행했을 때가 아니었나 싶다. 그때 현지인 커플의 웨딩 촬영을 하기 위해 싱가폴에 갔는데, 뭐라도 찍어보자는 마음으로 일주일 먼저 싱가폴로 날아갔다. 그때 내가 누릴 수 있는 자유의 최대치를 누렸던 것으로 기억한다. 누군가 동행이 있었다면 엄두를 내지 못했을 그런 '촬영의 자유' 말이다.

마리나베이 호텔이 멀리 보이는 힐 스트리트 거리를 무작정 걸으며 다리 한 편에 서서 오랫동안 해가 지는 풍경을 담기도 했고, 땀을 뻘뻘 흘리며 선텍 시티의 어느 빌딩 옥상으로 올라가 싱가폴 중심가의 마천루를 담아보기도 했다. 그렇게 매일 하루 평균 6킬로미

터를 걸으며 촬영하는 동안 누가 뒤에서 나를 기다리고 있다는 부담도 없었고, 누군가에게 미안해할 필요도 없이 나의 관심을 오롯이 촬영에만 쏟아부을 수 있었다. 단순히 눈에 보이는 것 살짝, 예쁘다는 것 살짝 찍어가며 화면을 구성해도 좋지만, 가끔 조금씩 욕심을 내어가며 조금 부지런해지면, 편집의 과정에서 그것들이 보상으로 다가올 때가 많다.

다섯째, 빛을 활용하라. 빛의 중요성은 앞에서 인터뷰 촬영을 이야기하며 언급했지만, 다시 한번 간단히 이야기해본다. 빛이 왜 중요할까? 영상이 바로 이 '빛'을 재료로 촬영되기 때문이다. 그냥 누군가 서 있는 곳에서 촬영하더라도 빛에 대한 고려를 조금씩 하기 시작한다면 빛의 양과 방향에 따라 사물과 대상의 느낌과 이미지가 많이 바뀐다는 것을 알게 된다. 전문 영상제작자들은 빛의 중요성을 알기 때문에 직접 광원을 만들고 빛을 통제하지만, 일반적인 영상제작자들은 주어진 환경에서 영상을 제작해야 하기에 몇몇 상황에서 사물과 대상이 돋보이는지를 고민해 볼 필요가 있다.

하루 중 가장 아름다운 조명 환경을 제공하는 시기는 일몰이다. 사실 영상제작자에게 가장 고급스러운 조명은 다름 아닌 태양이다. 어마어마한 광량을 가지고 있고 다양한 각도에서 빛을 제공하고 있기 때문이다. 그중에 태양 빛이 가장 아름다운 색과 각을 보여주는 순간은 바로 해지기 한 시간 전부터이다. 이때는 태양광이 거의 측면으로 누워 있는 상태이기 때문에 사물과 대상의 측면에서 하이라이트를 그 반대 측면에서 그림자를 만들어 준다. 사람의 얼굴은 입체감이 들어갈 때 가장 아름다워 보이는데, 입체감은 조명이 사선에서 비추고 있을 때 가장 잘 드러난다. 그래서 해지기 직전에 인물의 입체감이 특히 부각되고 어깨와 머리 외곽의 경계도 명확하게 나누어져 공간감도 생기면서 최고의 촬영환경이 만들어진다. 단점이라면 이 시간이 짧다는 것이다. 색깔도 아름다운 황금색을 만드는 이 순간은 그래서 골든 타임이라고 부르기도 한다. 골든 타임 환경에서 조금 더 자신감이 붙으면 그때는 아예 대상을 태양을 등지게 찍는 완전 역광 촬영을 도전해 볼 만하다. 역광 촬영은 찬란하면서 몽환적인 분위기를 연출하는 최고의 옵션이다.

대낮에는 디퓨저를 이용하라. 골든 타임을 제외한 다른 거의 모든 시간대의 태양광은 강하고 뜨겁다. 위에서 아래로 비치는 경우 얼굴에 드리우는 그림자의 모양이 그리 예쁘게 만들어지지도 않는다. 이런 경우 대상은 강렬한 태양 빛으로 인해 얼굴을 찌푸리게 되는 경우도 많다. 따라서 대낮에 야외에서 촬영할 경우 나무 그늘 등 완충 역할을 해 주는 곳에서 촬영하는 것이 좋다. 하얀색 우산을 대상 위에 펴주는 것도 아주 좋은 방법이다. 그렇다면 각지고 날카로운 얼굴의 그림자들이 부드럽게 재정렬되어 매우 포근하고 아늑한 화면이 만들어지게 된다.

실내에서도 태양광의 힘을 믿으라. 대낮에 실내촬영을 하는 경우 조명은 천장에 매달린 형광등이 대부분이다. 촬영하면서 빠지기 쉬운 오류 중 하나는 주변 환경이 무조건 밝아야 한다고 생각하는 것이다. 밝은 환경은 물론 중요하다. 그러나 밝은 환경만큼 중요한 것이 대상의 입체감을 만들어 내는 조명 환경이다. 대낮에 어느 정도 태양광이 들어오는 실내에서 촬영을 진행할 경우 다소 어두워진다는 우려가 있긴 하지만, 과감하게 형광등을 끄고 실내로 들어오는 태양 빛의 양을 기준으로 노출과 감도를 조정해 보자. 형광등 조명보다 훨씬 더 입체감 있게 화면을 만들어 내는 것을 알 수 있다.

영상이 별로인 이유는 어찌 보면 이 조명의 문제일 가능성이 가장 크다. 조명을 사용하고, 주어진 조명을 활용해야 하는 이유는 화면을 밝게 하기 위함이 아니라 내가 찍으려는 대상의 입체감을 만들기 위해서이다. 어떤 상황에서건 최고의 영상미를 만들고 싶다면 자신이 촬영하려는 조명 환경이 충분히 대상의 입체감을 만들어 주고 있는지를 확인하는 것에서부터 시작해야 한다.

아날로그 필름메이커

제10장

만들고 싶은 영상과
만들어야 할 영상

나 자신의 '성장 이야기'를 써보자

"장현경 실장님. 아, 그런데 대표님 아니셨나요?"

첫 고객사 담당자와의 미팅에서 서로 인사를 나누고 명함을 주고받았을 때 담당자 중 한 명이 고개를 갸웃거리며 물었다. 나는 1인 기업을 운영하는 '대표'가 맞지만 명함에는 아직 실장이라고 소개해 놓고 있다. 여러 가지 이유가 있지만 그중 하나는 내가 대표라고 적어 놓은 명함으로 인사를 하면 실무자라는 느낌을 주지 못할 것 같은 생각이 들어서다. 나는 아직 직접 영상을 만드는 것을 좋아하고, 나이가 들어 눈이 침침해지고 귀가 먹어 '아, 더는 아니다' 싶을 때까지는 아주 오랫동안 영상을 만드는 사람이 되고 싶다. 세상은 이 정도의 나이가 되면 관리자가 되어야 하고 또 그래야만 마치 능력 있는 사람인 것처럼 일방적으로 정의할 때가 있다. 아직도 카메라를 들고 밖에 나와 있으면 혹시 주변인들에게 무능력한 것처럼 보이지는 않을까 내심 걱정하는 이들도 적잖을 것이다. 하지만 우리 인생이 여러 개라면 이번 생에서는 관리자도 해보고 다음 생에서는 남의 눈도 의식해 보고 살아 보겠지만, 인생이 단 한 번이라면 후회 없이 내가 해보고 싶은 일을 해봐야 하지 않을까?

영상제작자로 살아오면서 스스로 끊임없이 물어왔던 질문이 하나 있었다. 그것은 '나는 내가 만들고 싶은 영상'을 만들면서 살아오고 있는 것일까?'이다. 이 질문은 적어도 이 땅에서 영상제작자로 살아가는 모두가 공통으로 하는 것일 수도 있다고 생각한다. 우리는 진짜 자신이 만들고 싶은 영상을 만들며 살아가고 있는 것일까? 다른 사람의 참견이나 요구에 상관하지 않고 내가 만든 영상에 사람들이 열광하고, 이것들이 부와 명예를 가져다준다면 그것만큼 멋진 일이 세상에 또 있을까?

〈아날로그 필름메이커〉라는 유튜브 채널을 시작하면서 무엇보다 영상이라는 분야에 대해 멘토링을 할 수 있는 기회가 많아졌다. 많은 사람이 이메일로 영상제작에 관해 진로를 묻기 시작했고, 온라인과 오프라인 현장에서 영상에 대한 강의 요청도 종종 받는다. 사실 직업으로서의 '영상제작자'에 대해서는 쉽게 어떤 대답을 줄수는 없을 것 같다. 다른 직업도 마찬가지겠으나 영상을 만든다는 것은, 특히 지금 시대에 1인 영상제작자가 된다는 것은 나 자신의 '성장 이야기'를 써 내려가는 것과 비슷하다고 생각하기 때문이다. 이것이 일종의 성장기라고 한다면, 영상제작자로서 일하게 될 때 얼마나 윤택하고 멋진 삶이 기다리고 있는지, 일 년에 얼마를 벌 수 있는지에 대한 '직업 설명회'를 할 게 아니라, 지금 이 시기를 어떻게 살아가야 하는지, 얼마나 행복하게 영상을 만들고 자존감을 가지고 살아가야 할지에 대한 이야기를 해야 한다고 느낀다. 그렇게 내가 스스로 행복한 영상제작자일 때 보상은 자연스럽게 따라온다고 믿기 때문이다. 적어도 내 경험을 통해서라면 말이다.

재미: 영상 만들기를 시작하게 하는 이유

나는 TV를 즐겨 보지 않지만, 언젠가 문득 TV 채널을 돌리다가 어떤 방송의 채널 아이디를 발견한 적이 있다. O tvN이라고 하는 케이블 TV의 채널 아이디였는데, 채널 아이디의 슬로건이 '재미와 의미'였다. 이 짧은 채널 아이디를 보면서 그동안 내 안에 풀리지 않았던 문제에 대한 실타래가 탁 풀어지는 느낌이 들었다. 영상을 만드는 사람으로서 이 일을 어떻게 시작해야 하고 또 어떻게 그 길을 걸어가야 하는지를 함축적으로 전달하는 메시지라고 생각했기 때문이다.

내가 생각하는 재미와 의미란 이렇다. 우선 '재미'는 영상을 시작하는 이유여야 한다고 생각한다. 나도 그렇고 주변에 영상을 만들며 즐겁게 살아가는 이들도 그랬다. 영상을 만드는 것은 기쁘고 즐거운 일이어야 한다. 만드는 과정도 스스로가 즐겁고 사람들에게 보여주는 것을 생각해도 즐겁고, 사람들이 보는 모습을 봐도 즐겁고 다음 영상을 만들 생각에 흥분되는 그런 감정 말이다. 재미는 영상을 만들고 싶다는 가장 원초적인 동기가 되어 준다. 지금 영상제작자가 되려고 준비하는 사람들이 있다면 한번 자신에게 물어보길 바란다. 나는 영상을 만드는 일이 재미있는가? 재미가 영상을 시작하는 이유가 되어 주었던가?

간혹 이메일에 영상제작자의 처우와 비전에 관해 물어보는 이들이 있다. 그런 메일을 받을 때마다 이렇게 되묻곤 한다.

"영상제작을 왜 하려고 하세요? 이게 당신에게 기쁜 일인가요?"

어떤 사람들은 직업적인 관점에서 영상제작 분야를 선택해 영상제작을 단순히 '취업'의 수단으로 생각하는 것 같다. 물론 이런 길이 무조건 잘못된 것은 아니지만 그런 이들을 볼 때 조금 안타깝다는 생각이 든다. 영상을 만드는 것이 즐거워서 시작해야 한다고 믿기 때문이다. 예상컨대 이 책을 읽고 있는 영상제작자들, 그리고 영상을 제작하려는 분들은 모두 영상을 만드는 재미를 발견한 이들이라고 생각한다. 그렇다면 적어도 여러분은 지금 올바른 길을 걷고 있다. 재미가 우리를 끊임없이 자극하고, 그래서 그 자극들이 건강하고 선한 방식으로 성장을 돕는다.

의미: 영상 만들기를 포기하지 않게 하는 이유

영상제작자에게 의미란 영상 만들기를 '포기하지 않는 이유'라고 정의하고 싶다. 혹시 '나는 내가 만들고 싶은 영상을 만들고 평생 행복하게 살 수 있어!'라고 하는 사람이 있다면 그분들은 자신이 만들고 싶은 영상에 '의미'가 있는지 생각해 봐야 한다. 왜냐하면 '의미'란 영상을 포기하지 않게 하는 이유이기 때문이다. 아무리 만들고 싶은 영상이 있다 한들, 어느 순간 재미라는 녀석이 순식간에 사라져 버리면 어떻게 될까? 그때 이걸 지탱해 주는 것은 결국 '의미'다. 내가 만들고 싶었던 영상에 정작 '의미'가 빠져 버린다면 어느 순간 재미가 사라져 버리게 될 때 언제 그랬냐는 듯 쉽게 포기해 버릴 수 있기 때문이다. 내가 만들고 싶은 영상을 만들며 평생 살고 싶다면 그 영상에는 '재미'와 '의미'가 모두 있어야 한다. 그렇다면 돈이 의미가 될 수 있을까? 조심스럽지만 내 대답은 '그렇지 않다'이다. 돈은 결과적으로 따라오는 것이지 그 자체가 목적이 될 수 없다고 본다.

이번에는 '내가 만들어야 할 영상'에 대한 이야기를 해보자. 내가 '만들고 싶은 영상'이 저 높은 이상에 관한 것이라면 이건 보다 현실에 맞닿아 있는 것이다. 내가 직접 부딪히는 일. 직장을 다닌다면 회사에서 만들어야 하는 영상. 학교에서 영상을 전공하는 이들이라면 과제물, 졸업작품 등이 될 것이다. 대개 '만들어야 할 영상' 앞에 묶인 사람들은 빈곤한 실력의 초보자로서 현실적으로 극복하기 힘든 실력으로 괴로워하기도 하고, 혹은 직접적인 금전 문제에 부딪혀 그 굴레에 완전히 갇혀 버린 경우라고 할 수 있을 것 같다. 영상이 좋긴 하지만 동시에 현실적인 무게감으로 과도한 스트레스를 받기도 한다. 그들이 '만들어야 할 영상'은 대체로 '재미'가 없다. 본질적으로 돈을 벌어야 하고, 공부해야 하는 목적에 의해 탄생한 영상이기에 '재미'가 없다. 영상을 즐겁고 기쁘게 만들지 못하기 때문에 표면적으로 불행해 보일 수밖에 없다.

하지만 이렇게 재미없는 일들이 과연 '의미'마저 없는 것일까? 나는 꼭 그렇지는 않다고 생각한다. 그런데 만일 내가 만들어야 하는 영상이 재미가 없는데 의미마저 없다면 어떻게 해야 할까? 혹시라도 내가 하는 일에서 재미와 의미를 모두 발견할 수 없다면 당장 그곳을 탈출해야 한다. 앞서 말했듯 우리는 모두 세상에서 가장 값비싼 재화인 시간을 여러분의 노동과 1대 1로 교환을 하는 중이다. 아무 의미 없고 재미도 없는 그런 일에 나의 최고급 재화인 시간을 맞바꾸고 있다고? 이것만큼 어리석은 일이 세상에 어디에 있을까?

지금 여러분에게 탈출에 관한 이야기를 하고 싶은 것은 아니다. 내가 만들어야 하는 영상의 의미에 관한 이야기를 조금 더 해보고 싶을 뿐이다. 의미라는 것은 그냥 우리에게 주어지는 것이 아니라 우리가 발견해 내야 하는 것이기 때문이다. 사실 사람들은 의미를 찾아내는데 재능이 있다. 지금 당장 달력을 펼쳐보라. 세상에 이렇게나 많은 기념일이 있다니! 국가 기념일뿐 아니라 개인적으로 의미 있는 일들까지 포함하면 일 년 중 상당 기간은 우리 모두에게 의미 있는 날들로 기억된다. 그렇기에 만일 내가 하는 일에 의미가 없다고 여겨진다면 그것은 의도적으로 의미를 찾지 않았기 때문일 수도 있다.

의미는 주어지는 것이 아니라 발견하는 것이다. 그래서 나는 우리가 만들어야 하는 영상에 대한 의미를 두 가지 정도로 찾아보려고 한다.

첫째, 지금 내가 다니고 있는 회사와 나의 일은 나의 현재 수준과

아날로그 필름메이커

정확히 일치한다. 이건 우리가 받아들이기 절대 쉽지 않은 부분일 수 있다. 우리가 회사에서 주로 하는 불평의 시작은 나는 이런 하찮은 일을 할 사람이 아니라는 생각에서 비롯되기 때문이다. 이런 경우 내가 어렵게 만든 영상을 평가하는 상사들의 무지함에 대한 분노도 종종 촉발된다. '영상에 대해 알지도 못하는 사람들이 무슨 평가를 한다고.' 이런 식으로 말이다. 하지만 모두가 알다시피 영상제작 지식과 평가는 별개의 영역이다. 세상의 모든 영화평론가들이 영화감독이 될 필요가 없는 것처럼 말이다. 만일 이런 불평이 설득력을 얻으려면 영상을 보는 시청자들은 영상에 대한 비평은 입도 뻥긋하지 말아야 한다. 이런 태도를 바꾸지 않는 한 결코 다음 단계로 나아갈 수 없게 된다. 지금 내가 속한 곳의 구성원들도 만족시키지 못하는 영상을 만들면서 어떻게 더 나은 자리에서 더 큰 일을 맡을 수 있겠느냐 말이다. 스스로가 지금 맡겨진 일과 맡겨진 회사에 있을 몸이 아니라고 생각한다면 그것을 스스로 증명해 보이면 된다. 실력으로 주어진 일과 상사를 압도하면 된다.

둘째, 설득 기술과 스토리텔링 기술은 내가 가진 재능과 관계없이 반드시 배워야 하는 것이다. 그리고 그런 기술은 내가 만들어야 하는 영상을 통해 배울 수 있다. 내가 다니던 회사는 통합 마케팅 커뮤니케이션 에이전시로서 우리나라에서 꽤 큰 기업들을 클라이언트로 둔 회사였다. 내가 담당하던 기업들의 부서, 브랜드들도 매우 많아서 수많은 요청사항에 일일이 응대하며 그들 각각이 원하는 영상들을 만들어 내야 했다. 그렇게 만들어진 영상을 들고 찾아가

클라이언트와 1차 시사 미팅을 마치고 난 후 내가 기억나는 건 A4 용지를 가득 채웠던 수정사항 목록이었다. 처음에 이게 꽝장한 스트레스였다. 매번 프로젝트를 진행할 때마다 분량이 결코 줄어들 기미가 보이지 않았다. 1차 미팅이 끝나고 나면 고객사 사옥 1층 커피숍에 앉아서 동료들과 함께 클라이언트 뒷담화를 하는 게 정해진 코스였다.

여기서 우리는 관점을 달리할 필요가 있다. 이건 일종의 '게임'이라는 생각의 전환 말이다. 앞으로 내가 더 높은 곳에서 더 많은 영향력으로 일하는 영상제작자가 되기 위해서는 미지의 시청자들에게 효과적으로 메시지를 전달할 수 있는 능력을 갖춰야 하는데, 이런 과정이 우리에게 일종의 모의고사일 수도 있다는 것이다. 지금은 1단계로, 나에게 주어진 클라이언트를 클리어하는 것이다. 어떻게 클리어할까? 클라이언트가 원하는 게 무엇인지 집중한다. 그것을 영상에 반영되도록 끊임없이 제작과정에서 확인하고 점검한다. 이 과정을 반복하면서 A4용지를 빼곡히 채웠던 1차 시사 영상의 수정본 분량을 A4용지 3분의 1로 줄이는 목표를 가지는 것 말이다. '내가 만드는 영상의 스타일이 최고야. 클라이언트들은 잘 몰라'라는 생각에 빠져 있다면 그런 태도에서 우리는 아무런 의미를 찾을 수 없다. 그리고 이런 작지만 의미 있는 노력은 아주 극적인 변화를 불러온다. 누군가의 불만 사항을 예측하여 선제적으로 대응하는 것, 영상 안에 이 고민을 반영하기 위해 약간의 관심을 기울이면 즉시 개선된 결과가 나타나기 때문이다. 나도 매번 한가득 수정사항

보따리를 둘러메고 사무실로 돌아왔지만, 얼마간의 시간이 흐른 뒤 어느 날 1차 시사 때 클라이언트에게 박수를 받은 믿기지 않은 적도 있었다.

이런 것들이 반복되면 찾아오는 긍정적인 변화 한가지는 이 반복되는 '게임' 속에서 스스로가 어느 순간 이 모든 일에 '재미'를 느낄수 있을지도 모른다는 점이다. 앞서 우리가 얘기했던 것처럼 재미와 의미를 동시에 갖게 되면 어떤 일이 벌어질까? 그때는 이 일을 내가 평생 붙들고 살아도 행복한 사람이 되는 것이다. 이 얼마나 흥분되는 일인가? 내게 주어진 팀장의 업무를 클리어하고 클라이언트를 클리어하면 이제 우리는 자연스럽게 더 크고 넓은 무대로 떠밀려 올라가게 된다.

나는 우리가 영상제작자로서 자신이 하는 일에서뿐 아니라 오늘 살아가고 있는 순간순간에서도 의미를 찾아낼 수 있었으면 좋겠다. 그럴 때 우리에게 가장 먼저 찾아오는 변화는 비로소 불평을 멈출수 있다는 것이다. 불평을 멈추지 않는 한 삶 속에서 그 어떤 교훈도 얻을 수 없다. 인생이 하나의 커다란 교실이 되었을 때, 순간순간 알알이 쏟아지는 보석 같은 의미들을 우리 삶 전체에서 발견해낼 수 있다. 그리고 그것은 흔들리지 않는 튼튼한 통찰력이라는 이름으로 우리를 사로잡는다.

| 에필로그 |

2020년 초에 찾아온 코로나19로 인해 우리는 일찍이 경험하지 못했던 큰 변화의 시대에 살고 있다. 이런 시기에 가장 먼저 매를 맞은 사람들이 여행사와 항공사 등이다. 이렇게 코로나19로 인해 직격탄을 맞고 고전을 면치 못하는 수많은 직업군 사이에서 아이러니하게 영상제작자가 때아닌 주목을 받고 있다. 사람들은 코로나19 이후의 시대를 뉴노멀, 언택트의 시대로 정의한다. 서로 접촉하지 않고 지내는 새로운 일상을 받아들이자는 것이다. 이런 시대정신을 견인하는 의미 있는 축 하나로 영상제작자가 주목받고 있는 것처럼 보인다.

표면적으로 이건 옳은 분석처럼 보인다. 사람들이 스스로 집에 머무는 시간이 많아지면서 유튜브나 넷플릭스의 시청시간이 급격히 상승했고, 필연적으로 더 많은 영상 콘텐츠 제작 수요를 촉발했다. 대학은 아예 온라인 강의로 한 학기를 마감해 버렸다. 이런 엄청난 양의 영상제작 요청 여파는 오롯이 영상제작자들이 떠안고 가는 중이다. 코로나19 이후 '줌클라우드미팅'이 재택근무와 온라인 화상회의의 거의 유일한 서비스 대체재가 되어버렸고, 기업마다 오프라인 미팅, 행사 등을 줄이고 모든 것을 자체 인트라넷을 통한 영상 서비스로 제공하기로 했기에 나 자신도 이런 기업들의 변화된 요구를 실감하는 중이다. 진짜 코로나19는 우리 생활을 예측하지 못한 방향으로 급격히 바꿔 놓고 있는 것일까? 이 예상치 못한 전 세계적인 변화는 마치 '인류 최후의 시간' 유의 공포영화의 한 장면 같은 느낌마저 불러일으키기에 나도 이 불안한 시기의 세상은 어떻게 흘러가게 되는 것일까 많은 생각을 하지 않을 수 없었다.

나는 코로나19가 예상치 못한 방향으로 우리를 튕겨 나가게 한 것이 아니라, 우리가 가려던 길을 조금 더 빨리 앞당긴 것이라고 생각한다. 우리가 두려워할 것이 아니라 원래 가려고 했던 그 길이 무엇이었던지 지도를 다시 펼치고 조금 더 빨리 그곳에 도착할 마음의 준비만 하면 되지 않을까? 사람들은 가끔 나에게 영상의 미래에 관해 묻는다. 눈앞에 떨어진 먹이를 보고 그냥 앞만 보고 달려온 내가 여기에 대한 답을 가지고 있을 리 만무하지만, 내 생각을 얘기해 보고 싶다.

얼마 전 드디어 8K 평면 디스플레이 장치의 출시 소식을 들었다. 8K 디스플레이가 어떤 의미일까? 이 얘기는 평면 디스플레이의 끝없는 경쟁의 종말을 의미한다. 우리의 시력이 8K를 능가할 수 없기에 더 이상의 평면 디스플레이는 12K, 더블 12K 같은 게 등장할 이유가 없어지게 된다. Full HD 텔레비전에서 아무리 4K 영상을 틀어

놔도 그게 Full HD 영상으로밖에 보이지 않는 것처럼 말이다. 그렇다면 카메라는 어떨까? 카메라는 일찌감치 블랙매직디자인에서 12K 카메라를 출시한 상태다. 촬영 장비는 당분간 이렇게 12K 그 이상의 고화소 카메라가 계속 출시될 것 같다. 언제가 될지 모르지만 8K 영상이 상용화되면 제작자들은 그 이상 큰 사이즈의 영상으로 촬영을 하여 영상을 확대하기도 하고 잘라내기도 해야 하니 말이다.

그렇다면 앞서 말했듯 8K 이상의 디스플레이 경쟁이 이제 사라져 버리게 될까? 한가지 영역이 남아 있긴 하다. 그것은 바로 VR, AR 콘텐츠 분야다. 8K 디스플레이 이후 무용론은 평면 디스플레이의 경우가 해당한다. 이게 우리 생에 가능할지는 모르겠으나 우리가 VR, 즉 가상현실에서 '가상'을 뺀 궁극의 리얼리티를 얻어내려면 이렇게 우리 주변 360도 곳곳을 8K 디스플레이 수십, 수백 개로 빼곡히 채워 넣어야 한다. 지금도 6K 정도 되는 해상도의 360도 카메라가 현존하는 가장 고화질의 VR 카메라인데, VR 헤드셋을 쓰고 촬영된 영상을 보면 견딜 수 없을 만큼 화질이 열악하다. TV나 모니터 같은 디스플레이 경쟁은 8K를 찍으면서 이제 비로소 슬슬 멈추겠지만 플랫폼이 VR, AR로 넘어가는 지금 시점에서는 사실 그 분야의 디스플레이 경쟁이 다시 원점에서 출발 신호를 기다리고 서 있는 형국과 마찬가지이다. 진정한 의미의 리얼리티와 근접한 VR을 만들어 내려면 대략 500K 이상의 디스플레이는 나와줘야 하지 않을까? 그리고 보니 영상을 만든다는 창작활동의 진화가 어디까지 향할지 모르겠다.

코로나19가 장기화되고, 더 이상 해외여행이 우리 생에서 불가능한 시대가 된다면 나는 VR로 떠나는 해외여행이 이 사태를 타개하는 가장 현실적이면서 동시에 비현실적인 대안이라고 생각한다.

이를테면 이런 거다. 가족들이 패키지 상품 하나를 여행사에서 고른다. 비행기를 타고 갈 일이 없으니 3박 4일 일정이다. 가족들이 와이키키 해변 그림이 늘어선 음침한 복도를 지나 '와이키키 3번 그룹'이라고 쓰인 방으로 들어가자 거기에 가족 4명이 누울 네 개의 부스 공간이 있고 누워서 헤드셋을 쓰면 이내 수면 상태에 빠진다. 헤드셋들이 같은 네트워크에서 접속이 된 상태이고 같은 앱에서 실행 중이니 수면 상태에서 가족은 다 함께 와이키키 해변의 한 지점에서 여행을 시작할 수 있다. 바람의 느낌, 해변에서 전해지는 코끝의 느낌, 가족들의 잡은 손의 감촉, 이 모든 게 현실보다 더 현실적인 와이키키 해변에서의 3박 4일 여행. 거기서 수영도 하고, 해 질 녘 풍경도 한참을 즐기다가 해변에 있는 야외 레스토랑을 발견하고 가족들이 현지 특산해산물로 조리된 멋진 식사를 한다. 어떻게 이런 창의적인 음식 맛을 낸 것일까? 호텔로 돌아와 최고급 오리털 베개와 이불을 덮고 잠자리에 든다.

언택트 시대라고 해서 사람들이 서로와 연결되고 싶은 본능을 없앨 수 있을까? 뉴노멀이라고 해서 사람들이 과거에 느꼈던 추억과 감정들을 끊어낼 수 있을까? 우리는 모두 새로운 것을 경험하며 느끼는 쾌락을 숭배하고, 서로 네트워크 되는 것에서 기쁨을 느끼며, 만나고 사랑하고 기억하고 추억하고 삶에서 의미를 끝없이 탐색하는, 그런 것에서 자존감을 세워가는 존재이다. 영상에 대한 더 많은 요구가 일

아날로그 필름메이커

어나고 있는 이 시대에 이런 인간의 본능적인 욕구와 자존감 전체에 영향을 끼치는 영상제작의 방향에 대해서도 기회가 닿는다면 한번 이야기해보고 싶다.

나는 가까운 미래에 앞서 내가 말한 비현실적인 여행을 하게 될 것이라 믿는다. 이런 상상의 끝에는 언제나 이런 콘텐츠가 일상화되어 있을 때, 영상제작자들은 어떤 역할을 해야 하나 가끔 생각하게 된다. 두 가지의 길이 있다고 생각한다. 이 혁신적이기 짝이 없는 콘텐츠의 단순 오퍼레이터에 머물 것인가? 아니면 인류의 생활과 가치관과 삶에 대한 정의마저 바꿔버릴 콘텐츠 기획자가 되어 있을 것인가? 이 두 가지 모두 우리 영상제작자에게 열려 있는 미래라고 생각한다. 지금 어떤 관점으로 영상을 대하고 만들어가느냐에 따라 이 시대가 우리 모두에게 서로 다른 역할을 부여하리라 생각한다. 나는 아무래도 후자의 역할을 우리가 감당했으면 좋겠다.

그 역할을 감당하기 위해서는 지금, 이 순간 우리 모두 콘텐츠의 힘, 스토리텔링의 힘, 사람과 사람의 마음을 움직이고 그래서 사람들의 마음에 영향력을 불어넣을 영상이라는 미디어 자체가 가지는 힘을 알아 가고 배우는 것에 조금 더 관심을 쏟아야 한다고 믿는다. 단순한 장비, 편집기술 등에 매몰되지 말고, 함께 영상의 진정한 힘을 경험하고 그것을 발휘하며 오늘 이곳에서 영향력 있는 영상제작자가 되었으면 하는 소망을 가져 본다. 그래서 오늘도 늘 내가 하는 말로 이 짧은 책의 여정을 함께해 준 여러분과 인사하고 싶다.

영상은 언어다.

당신의 일상을 기록하라.

그 속에서 무한한 감동을 발견하자.

영감을 불어넣어주는
유튜브 채널

나는 유튜브 채널 〈아날로그 필름메이커〉에서 매주 일요일 밤에 라이브 방송으로 구독자들을 만나고 있다. 영상에 이제 막 관심을 가지게 된 사람부터 전문적으로 영상제작을 하는 사람까지 다양한 사람들이 라이브 방송에 참여한다. 책 출간을 앞두고 라이브 방송 때 구독자들에게 영상제작자로 성장하도록 도와주는 좋은 영상 유튜브 채널을 소개해 달라는 부탁을 해보았고, 그 중 내가 직접 확인해서 추천할 만한 채널을 구독자순으로 모아보았다.

* 채널 추천에 참여한 〈아날로그 필름메이커〉 구독자

Hun C, Jingyu Jwa, Lee ho seok, Whee Learn, 김예림, 놈팡이 TV, 롱다부부, 스튜디오 JBS, 필무비, 최호영, 크레이지 정감독, 호주작가plus art,

〈Colors〉 495만 명

독창적인 신인 아티스트 소개와 그들의 음악을 선보이는 음악 채널. 소개되는 음악만큼이나 화면의 독특함이 전달하는 충격은 놀라움을 금치 못할 정도다. 아티스트별로 재해석한 컬러로 신비하고 아름다운 영상미를 자랑한다. 색에 대한 고유한 해석, 영감을 얻을 수 있는 채널이다.

〈해그린달〉 183만 명

아이와 함께 일상을 지내는 엄마의 시선으로 만들어진 영상. 그들의 눈부신 일상들이 알알이 모여 있는 채널. 예쁘고 시네마틱한 화면으로 그리는 영상이 주제와 관계없이 영상 하나하나, 프레임 하나하나가 모두 아름다워 넋 놓고 보고만 있어도 만족감을 준다. 시네마틱 브이로그의 워너비다.

〈Indy mogul〉 124만 명

싱글벙글 언제나 행복한 진행자가 전해주는 조명 특강. 미국 스타일이라서 그런지 영상의 규모에 놀라고, 비포앤애프터의 차이에도 놀란다. 조명 채널의 특징인 것 같기도 하지만, 아무것도 아닌 현장이 몇 개의 조명으로 드라마틱하게 바뀌는 모습은 우리에게 알 수 없는 쾌감을 선사해 준다. 넋을 놓고 보고 있다 어느 순간 '나도 저걸 해보겠어!'라고 자리를 박차고 일어나는 순간이 꼭 오게 된다.

〈파워무비〉 71.2만 명

숏필름은 대부분 영상제작자가 실제로 꿈꾸고 있는 궁극의 장르다. 영상제작에 필요한 대부분의 기술과 예술적 소양 등이 쏟아 부어지게 되기 때문이다. 작품마다 일정한 톤을 유지하는 것도 힘들고 유튜브 같은 '퀄리티'에 관대한 플랫폼에서는 더더욱 정체성 자체로 의미 있는 채널이다. 짧게라도 숏필름에 도전하고 싶다면 이 채널을 통해 모티브를 찾을 수 있다.

〈티키틱〉 50.6만 명

다양한 음악과 단편 영상을 모은 채널. 예전에 문득 이런 생각을 한 적이 있다. 예능프로그램도 시네마틱하게 찍을 순 없는 걸까? 〈티키틱〉은 그걸 현실화시켜주는 채널인 것 같다. 편집의 '감', 모션의 '감', 제작의 '감'에 타고난 제작자들이 쏟아내는 영상들을 재미있게 보고 있다가도 뒷맛이 씁쓸한 이유는 그들에게 가득한 저것들을 내가 가지지 못함 때문이겠지.

〈RocketJump film school〉 60.3만 명

온라인 기반의 다양한 튜토리얼, 팁앤테크, 영화 편집의 콘셉트, 인터뷰, 팟캐스트, 라이브 방송, 경연대회, 세미나 등 체계적이고 흥미로운 주제로 실력과 재능에 상관없이 모든 사람이 창작자로 뛰어들 수 있도록 돕는 채널. 아, 그런데 영어라서 당황스럽다.

아날로그 필름메이커

〈런업〉 14.4만 명

잘생긴 남자가 킥보드를 타며 이곳저곳을 누비더니 콘텐츠 하나가 만들어지네? 잡학 다식, 건드리지 않는 주제가 없을 정도로 열정적이면서 생각이란 것을 쉬는 것 같지 않은 런업의 생각을 엿보는 채널. 동의하건 그렇지 않건 관계없다. '그냥 나 자신이라면 돼'라는 유튜브의 본질적인 가치에 가장 부합하는 채널일 수도 있으니까.

〈WLDO〉 14.3만 명

해외의 마케팅 트렌드를 소개하는 채널로 채널명은 Who Letta Dogs Out의 약자다. 트렌디한 광고 이슈부터 마케팅과 관련해 실제로 일어나고 있는 해외와 국내의 여러 사례를 모아 족집게 과외하듯 알려준다. 마케팅은 타고나는 것처럼 보여 가끔 이런 영상을 모은 채널은 절망감을 주기도 하지만, 다른 한편으로는 말랑말랑한 지식이 내 뇌의 한구석에 축적되는 느낌도 나쁘지 않다.

〈Skim On West〉 2.79만 명

픽사 애니메이션 스튜디오 아티스트가 전해주는 영화와 미국 이야기. 스토리텔링 등의 영상제작에 필요한 실제적 팁을 나누고, 실무자들의 인터뷰도 실려 있는 영감 충만한 채널이다. 미국 현업에서 일한 경험자답게 영상에 풀어놓은 이야기의 스케일이 웬만한 유튜버들과 비교 불가다. 영상 실무에서부터 채널 운영자의 일상과 삶에 관한 이야기도 엿볼 수 있는 종합엔터테인먼트 채널이다.

〈감송필름〉 2.49만 명

영화와 뮤직비디오를 만드는 영상제작자가 운영하는 채널. 채널 이름처럼 서정적이고 감성적인 영상미를 자랑한다. 그 때문일까? 이런 감성 가득한 영상제작을 위한 다양한 촬영 편집 기법으로 이루어져 있다. 본인만의 색깔을 정확히 이해하고 관련된 콘텐츠를 제작해 보여줌으로써 유사한 목적을 가진 많은 제작자에게 영감을 준다.

〈OK Cut〉 1.35만 명

모든 콘텐츠가 그런 것은 아니지만 특히 조명에 관해 국내 영상 유튜버 중에서 독보적인 퀄리티를 자랑하는 채널. 영상의 만듦새가 너무 좋아 보고만 있어도 조명치는 법을 다 배운 것 같은 착시를 느끼게 된다. 생각보다 비싸고 좋은 장비들을 소개해주는 편이다. 약간 쇼핑하울(고가 상품을 구매해 한꺼번에 리뷰하는 콘텐츠)을 보는 느낌도 나는, 앞으로 더 많이 클 것을 확신하게 하는 채널이다.

〈편집하는 남자〉 8.77천 명

'애프터 이펙트'를 활용한 특수효과와 관련한 팁을 나누는 채널. 단순 튜토리얼을 제공하는 수준을 넘어 다양한 고급 기술까지 제공한다. 요즘 '프리미어 프로'나, '파이널 컷 프로'에서 제공하는 막강한 합성기능으로 인해 '애프터 이펙트'에 대한 대중의 필요가 예전만 못한 느낌이지만, 더 나은 퀄리티를 위해 여전히 필수적으로 사용할 필요가 있는 '애프터 이펙트'를 쉽고 친근하게 접근할 수 있게 해준다.

아날로그 필름메이커

〈미국 종감독의 촬영비법〉 1.95천 명

실제 영상제작자로 일하면서 본인의 실전 제작 노하우를 나누는 채널. 필드에 있는 사람의 경험과 이론이기 때문인지 전달하는 정보들 모두 직접적이고 실제적이다. '편집 끝났는데 돈을 못 받았어요'랄지, '클라이언트 대하는 기술' 등 모르고 덤비면 망하고 마는 수많은 사례에 대한 지식도 함께 나누고 있다.

〈지브이 – GV Studio〉 1.52천명

개인이 만드는 숏필름 제작 채널. 에피소드가 서로 이어지는 영상을 연재하고 있다. 단순히 영화라는 포맷을 유튜브로 옮겨온 것이 아니라, 세로로 만들어진 영화처럼 다양한 영상을 시도한다. 영상 자체의 만듦새가 좋아 영상의 전개와 편집의 기본기를 배우기 좋다.

〈러닝 버드– Running Bird〉 765명

타임랩스의, 타임랩스를 위한, 타임랩스에 의한 채널. 시간을 거슬러가는 내용인 만큼 꽤 감성적인 면이 있는 채널이다. 영상의 만듦새와 채널 운영자의 목소리가 꽤 괜찮은 조합을 이룬다. 채널 성장을 지켜보고 싶다.

아날로그 필름메이커 유튜브 시대, 영상이란 무엇이고 어떻게 만들 것인가?

초판 1쇄 2020년 11월 30일

지은이 장현경
편집 황병홍
독자감수 최재근
펴낸이 박수민
펴낸곳 모던아카이브 · **등록** 제406-2013-000042호
주소 경기도 파주시 청석로 350
전화 070-8877-0479
팩스 0303-3440-0479
이메일 do@modernarchive.co.kr
홈페이지 modernarchive.co.kr
제작 두성 P&L

ISBN 979-11-87056-37-9 03320
* 이 도서는 한국출판문화산업진흥원의 '2020년 우수출판콘텐츠 제작 지원' 사업 선정작입니다.